地势坤，君子以厚德载物。

吕思勉白话中国史

中古卷
汉唐强音

史学泰斗
吕思勉——著

浙江人民出版社

图书在版编目（CIP）数据

吕思勉白话中国史．中古卷：汉唐强音 / 吕思勉著
．—杭州：浙江人民出版社，2019.12
ISBN 978-7-213-08661-8

Ⅰ．①吕… Ⅱ．①吕… Ⅲ．①中国历史－汉代－唐代－通俗读物 Ⅳ．① K209

中国版本图书馆 CIP 数据核字（2018）第 032256 号

吕思勉白话中国史·中古卷·汉唐强音

LÜ SIMIAN BAIHUA ZHONGGUO SHI · ZHONGGU JUAN · HANTANG QIANGYIN

吕思勉 著

出版发行 浙江人民出版社（杭州市体育场路 347 号 邮编 310006）
责任编辑 徐 婷
责任校对 朱 妍
封面设计 闫薇薇
电脑制版 顾小固
印　　刷 嘉业印务（天津）有限公司
开　　本 880 毫米 ×1230 毫米 1/32
印　　张 8.5
字　　数 154 千字
版　　次 2019 年 12 月第 1 版
印　　次 2019 年 12 月第 1 次印刷
书　　号 ISBN 978-7-213-08661-8
定　　价 36.00 元

目录

第一章　秦始皇帝的政策

秦代以前的世界，是个封建之世；秦汉以后的世界，是个郡县之世，其情形是迥然不同的：中国成一个统一的大国，实在是从秦朝起的。所以秦朝和中国，关系很大。

郡县之治，咱们现在看惯了，以为当然的。然而在当时，实在是个创举。咱们现在，且看秦始皇的措置如何。他的措置：

第一件，便是自称皇帝，除去谥法。这件事，便在他初并天下这一年。他下了一个令，叫丞相、御史等议帝号。他们议上去的，是“臣等谨与博士议曰：古有天皇、有地皇、有泰皇，泰皇最贵。臣等昧死上尊号，王为‘泰皇’，命为‘制’，令为‘诏’，天子自称曰‘朕’”。他又叫他们去掉一个“泰”字，留了一个“皇”字，再加上一个“帝”字，就成了“皇帝”二字；其余便都照博士所议。不多时，又下了一道制道：“朕闻太古有号毋谥；中古有号，死而以行为谥。如此，则子议父，臣议君也，甚无谓，朕弗取焉。自今已来，除谥法。朕为‘始皇帝’，后世以计数，二世三世，至于万世，传之无穷。”

第二件，便是废封建，置郡县。这时候，天下初统一，人情习惯于封建，六国虽灭，自然有主张新封的。所以初并天下这一年，就有丞相绾（姓王）等奏请：“诸侯初破，燕、齐、荆地远，不为置王，毋以填之。请立诸子，唯上幸许。”始皇下其议，群臣皆以为便。独有廷尉李斯说：“周文武所封子弟同姓甚众；然后属疏远，相攻击如仇雠；诸侯更相诛伐，周天子弗能禁止。今海内赖陛下神灵，一统皆为郡县。诸子功臣，以公赋税重赏赐之，甚足，易制。天下无异意，则安宁之术也。置诸侯不便。”始皇也说：“天下共苦战斗不休，以有侯王。赖宗庙，天下初定，又复立国，是树兵也，而求其宁息，岂不难哉！廷尉议是。”于是把天下分作三十六郡，置“守”“尉”“监”（守是一郡的长官，尉是帮守管理一郡的军事的，监是中央政府派出去的御史），中国郡县的制度，到此才算确立。

第三件，便是收天下的兵器，把它们都聚到咸阳销毁了，铸做“钟”“镰”和十二个铜人（当时还是以铜为兵），每个有一千石重。

第四件，是统一天下的“度”“量”“衡”和行车的轨与文字（参看《上古卷》第十章第二节）。

第五件，是把天下的富豪迁徙到咸阳来，一共有十二万户。

这都是初并天下这一年的事，后来又有“焚书”“坑儒”两件事。

“焚书”这件事，在公元前213年。它的原因是，始皇置酒咸阳宫，博士七十人前为寿；有一个仆射周青臣，恭维始皇行郡县制度的好处；又有个博士淳于越，说他面谀，而且说郡县制度不及封建制度。始皇下其议。丞相李斯便把淳于越驳斥一番，因而说：“诸生不师今而学古，以非当世，惑乱黔首。”又说他们“尊私学而相与非法教；人闻令下，则各以其学议之。入则心非，出则巷议。夸主以为名，异取以为高，率群下以造谤。如此弗禁，则主势降乎上，党与成乎下。禁之便”。因而就拟了一个“禁之”的办法，是“臣请史官，非秦纪，皆烧之；非博士官所职，天下敢有藏《诗》《书》、百家语者，悉诣守尉杂烧之；有敢偶语《诗》《书》者弃市，以古非今者族；吏见知不举者与同罪；令下三十日不烧，黥为城旦——所不去者，‘医’‘药’‘卜’‘筮’‘种树’之书；若欲有学法令，以吏为师”。秦始皇许了他，烧书的事情，就实行起来了。

“坑儒”的事情，在焚书的明年，是方士引出来的。当时讲神仙的方士颇有势力，秦始皇也被他惑了，便派什么齐人徐市，发童男女入海求三神山（蓬莱、方丈、瀛洲）；又派什么燕人卢生，去求羡门、高誓（仙人的名字），炼“不死之药”。这些事情的无效，自然是无待于言的。偏是这一年，卢生又和什么侯生私下谈论始皇，说他“乐以刑杀为威”，“贪于权势”，“未可为求仙药”，因而逃去。始皇听得，大怒，说：我烧书之后，召“文学”“方术”之士甚多。召文学之士，要想他们“兴太平”；召方术之士，要想靠他们“求奇药”，很尊重赏赐他们。如今不但毫无效验，而且做了许多“奸利”的事情，还要“诽谤”我。因而想到，说诸生在咸阳的，有“惑乱黔首”的事情，就派个御史去按问。诸生就互相告发，互相牵引，给他坑杀了四百六十多人。

这几件事情，其中第二、第四两件，自然是时代所要求。第三件，后人都笑他的愚，然而这事也不过和现在“禁止军火入口”“不准私藏军械”一样，无甚可笑。第五件似乎暴虐些，然而这时候，各地方旧有的贵族、新生的富者阶级，势力很大，要是怕乱，所怕的就是这一班人（后来纷纷而起的，毕竟是六国的王族和将家占其多数；否则就是地方上的豪杰。并非真是“瓮牖绳枢之子，氓隶之人，迁徙之徒”，可见地方上的特殊势力，原是应当铲除的）。汉高祖生平，是并不学秦朝的政策的。然而一定天下，也就“徙齐、楚大族于关中”，可见这也是时势所要求，还没甚可议之处。最专制的，便是第一件和“焚书”“坑儒”两件事。为什么呢？“皇帝”是个空名，凭他去称“皇”、称“帝”、称“王”、称“皇帝”，似乎没甚相干。然而古人说：“天子者，爵也。”又说：“天子一位，公一位，侯一位，伯一位，子男同一位，凡五等。”可见天子虽尊，还不过是各阶级中之一，并不和其余的人截然相离。到秦始皇，便无论“命”“令”“自称”，都要定出一个特别名词来，天子之尊，真是“殊绝于人”了。“太古有号无谥”，自是当时风气质朴，并不是天子有种权力，不许人家议论。到始皇，除去谥法，不许“子议父，臣议君”，才真是绝对的专制。“焚书”这件事，不但剥夺人家议论的权利，并且还要剥夺人家议论的智识——始皇和李斯，所做的事，大概是“变古”的，独有这件事，是“复古”的。他们脑筋里，还全是西周以前“学术官守，合而为一”的旧思想，务求做到那“政学一致”的地步。人人都要议论，而且都有学问去发议论，实在是看不惯的。“坑儒”的事情，虽然是方士引起来，然而他坐诸生的罪名，是“惑乱黔首”，正和“焚书”是一样的思想。这两件事，都是“无道”到极点的。

以上所述的是秦始皇对内的政策；他的对外，还有两件事情。

其一是叫蒙恬去斥逐匈奴，收取河南的地方（如今的河套），于公元前213年，修筑长城，“起临洮，迄辽东，延袤万余里”（秦始皇这一道长城，是因着战国时的旧址连接起来的，并不是一时造成。它所经的地方，是在如今河套和阴山山脉之北，东端在朝鲜境内，也并不是如今的长城）。

其二是发兵略取南越的地方，把它置了南海（如今广东的南海县——编者注：今为广东佛山市南海区）、桂林（如今广西的桂林县——编者注：今为广西桂林市）、象（在如今越南）三郡。又夺了勾践的子孙的地方，把它置了闽中郡（如今的福建）。秦始皇的武功，有一部分人也颇恭维他。然而这也不过是时势所造成（中国国力发达到这一步，自然有这结果），无甚稀奇。不过“北限长城，南逾五岭”，中国疆域（本部十八省）的规模，却是从此定下来的——后来无甚出入。

秦朝所以灭亡，由于奢侈和暴虐。他灭六国的时候，每破一国，便把他的宫室，画了图样，在咸阳仿造一所；后来又在渭南造一所阿房宫。《史记》说它的壮丽是“东西五百步，南北五十丈。上可以坐万人，下可建五丈之旗”。又在骊山（在如今陕西临潼县——编者注：今为陕西西安市临潼区）自营万年吉地。单骊山和阿房宫两处工程，就要役徒七十万人。还要连年出去“巡游”，“刻石颂德”——封泰山，禅梁父，又要治什么“驰道”。他又自推“终始五德之传”，说周得火德，秦得水德。水德之始，应当严刑峻法，“然后合五德之数”。秦国的刑法，本来是很野蛮的，再经秦始皇有意加严，自然是民无所措手足了。

第二章　封建政体的反动

第一节　豪杰亡秦

秦朝吞灭六国，人心本来不服；加以始皇的暴虐和奢侈，自然是思乱者众，不过给始皇的威名镇压住了，一时不敢动。始皇一死，自然一哄而起了。

公元前210年，秦始皇出游，回去的时候，走到平原津（在如今山东的德县——编者注：今为德州市），病了，到沙丘宫平台（在如今直隶的邢台县——编者注：今为河北的邢台市），就一命呜呼。秦始皇有好几个儿子：大的唤作扶苏，是相信儒术的，看见秦始皇坑儒，就不免谏了几句，始皇不悦，便叫他到上郡去监蒙恬的军。小儿子胡亥，这一次却跟随始皇出来。始皇病重的时候，写了一封信给扶苏，叫他到咸阳去迎丧即位，这封信写好了还没有发，给一个宦者赵高知道了。原来这赵高，是教胡亥读书，又是教他决狱的；胡亥很喜欢他。这时候，他尚了“符玺”，这封信自然在他手里过。他就去劝丞相李斯，要造封假信，废掉扶苏，改立胡亥。李斯起初不肯；经不起赵高再三劝诱，他又说：“秦国的丞相，没有一个能善终的。你如今立了扶苏，他一定相信蒙恬，你一定不得好好儿地回去了。”李斯听了这话，不觉心动，就彼此商量，假造一封诏书，赐蒙恬、扶苏死。一路秘不发丧；回到咸阳，才把秦始皇的死讯，宣布出来；拥立胡亥做了皇帝，这便是秦朝的二世皇帝。

二世做了皇帝，赵高自然得意了。他便教二世先用严刑峻法对付大臣，又把自己的兄弟姊妹都残杀了。他又骗二世道：“做皇帝的，总得叫人害怕。你如今年纪轻，在外面和大臣一块儿办事，总不免有弄错的地方，就要给人家瞧不起了。人家瞧你不起，就要想法子来欺你了。不如别出去，咱俩在宫里办吧。”二世果然听了他，躲在宫里不出来，连李斯也不得见面了，赵高就此想个主意，谋害了李斯。这时候，用刑比始皇更严；葬始皇于骊山，已经是穷极奢侈，而且还要造阿房宫；真是“民不堪命”，天下的人，自然要“群起而攻之”了。

公元前209年，就是二世的元年，七月里，有两个戍卒，一个唤作陈胜，一个唤作吴广，都是楚国人，前去戍守渔阳（如今直隶的卢龙县——编者注：今为河北的卢龙县）。走到蕲县（如今安徽的宿县——编者注：今为宿州市），天下起雨来，走不通了，料想赶到了，也是误了限期，一定要处斩的，就激怒众人，造起反来了。不多时，陈胜便自立为楚王，分遣诸将，四出号召。就有：

陈人张耳、陈馀，立赵国的子孙，唤做歇的，做了赵王；

魏人周市，立魏国的公子咎，做了魏王；

燕人韩广，自立做燕王；

齐国的王族田儋，自立做齐王。

南方呢，也有：

沛人刘邦，据了沛（如今江苏的沛县），自立做沛公（楚国的县令称“公”）。

楚将项燕的儿子，名字唤做梁，和他哥哥的儿子，名字唤做籍，表字唤做羽的，起兵于吴（如今江苏的吴县——编者注：今为苏州市吴中区，秦朝的会稽郡治），项梁便自称会稽守。

二世起初受了赵高的蒙蔽，以为这许多人是“无能为”的；谁知到明年正月里，陈胜的先锋周文，已经打到戏（如今陕西的临潼县——编者注：今为西安市临潼区）了。二世才大惊，这许多骊山的工人，本是犯了罪的，忙赦了他们，叫一个人，唤作章邯的，带着去抵御周文。这时候，秦朝政事虽乱，兵力还强。这些新起乌合之众，如何敌得政府的兵，居然把周文打死了。他就乘胜去攻陈胜，陈胜也死在下城父（如今安徽的蒙城县）；吴广先已因攻荥阳（如今河南的荥泽县——编者注：今为荥阳市）不下，给手下的人杀了。章邯便去攻魏。

这时候，项梁的兵已经渡过江来了。有一个居鄛（如今安徽的巢县——编者注：今为巢湖市）人，唤作范增，前去劝他立楚国之后。项梁听了他，便去找寻楚怀王的子孙；果然找到了一个名字唤作心的。项梁便把他立在盱眙（如今江苏的盱眙县），仍旧唤作楚怀王［战国时候，楚国有一个怀王，和齐国很要好的。秦国想要骗他，就叫张仪去对他说：你只要和齐国绝了交，我便送你商於的地方六百里（见《上古卷》第四章第五节）。怀王信了他，果然和齐国绝了交；谁知秦国把前言赖掉了。怀王大怒，发兵攻秦，大败，只得割地讲和。后来秦又骗他去会面，当面逼勒他割地，怀王不肯，秦人便把他捉了去，后来怀王就死在秦国。楚国人很可怜他的，所以这时候，要立他的后人，而且还要称他作楚怀王］。

又有韩人张良，他的祖父，都做韩国的相。韩国灭亡了，他就尽散家财，寻觅死士，想要替韩国报仇。有一次，秦始皇出游，走到博浪沙中（在如今河南的阳武县——编者注：今为原阳县），张良叫一个力士，伏在沙里，用大铁椎狙击他，惜乎误中“副车”。秦始皇吃这一吓，叫天下大捉凶手十日，毕竟没有捉得到。到这时候，张良去见项梁，劝他立韩国之后，项梁听了他，就立韩公子成为韩王。

于是，六国之后都立起来了。然而这时候，秦兵攻魏，正在危急。齐王田儋发兵来救，谁知道打了一仗，又败死了。项梁引兵而北，连胜两仗，未免心骄意满，又被章邯乘其不备夤夜劫营，杀得大败亏输，项梁也死了。章邯便到北面去，把赵王围在钜鹿（如今直隶的平乡县——编者注：今为河北平乡县）。诸侯的形势，真是危急万状了。

正当危险的时候，却有一支救兵来了。你道是谁？原来就是中国绝世的英雄项羽。这时候，项梁已经死了，楚国一方面总得想个应敌之策。就有人主张分兵两支，一支去攻秦，一支去救赵。然而秦国兵势正强，许多将官没有一个肯向前的，只有沛公和项羽不怕。大家商量定了，楚怀王便派：沛公西入关；宋义为上将，项羽为次将，范增为末将，北救赵。

谁知宋义见了秦兵也是惧怕的，到了安阳（如今山东的菏泽县——编者注：今属菏泽市），一共驻扎了四十六天，不肯进兵；反叫他的儿子到齐国去做宰相（**田儋死后，他的兄弟田荣立了他的儿子田市**），自己去送他，于路置酒高会。项羽见不是事，便把他杀了，这才发兵渡河，和秦军大战。这一战，真是秦军和诸侯军的生死关头，《史记》叙述他的战事道：

……项羽乃悉引兵渡河，皆沉船，破釜甑，烧庐舍，持三日粮，以示士卒必死，无一还心……与秦军遇，九战，绝其甬道，大破之……当是时，楚兵冠诸侯。诸侯军救钜鹿下者十余壁，莫敢纵兵。及楚击秦，诸将皆从壁上观。楚战士无不一以当十，楚兵呼声动天，诸侯军无不人人惴恐。于是已破秦军，项羽召见诸侯将，入辕门，无不膝行而前，莫敢仰视。项羽由是始为诸侯上将军，诸侯皆属焉。

章邯虽败，还能收拾残兵，和项羽相持。不想派了一个长史司马欣到关中去求救，赵高竟不见他。司马欣急了，跑回来劝章邯投降项羽。章邯寻思没法，只得听了他。秦人在关东的兵力，就此被消灭了。

沛公这一支兵，本来想从洛阳入关的，谁知和秦战不利，便改变方针，南攻南阳；南阳破了，就从武关进去（**武关，在如今陕西商县的东边——编者注：今属商州市**）。赵高一向蒙蔽着二世，说山东盗是“无能为的”。这时候，二世不免怪着他，赵高一想不好，不如先下手为强，便把二世弑了，立了他哥哥的儿子公子婴，去掉帝号，仍称秦王，想要保有关中。子婴又想个法子，把赵高骗去刺杀了，夷其三族。子婴做了四十六天的秦王，沛公的兵已经到了灞上（在如今陕西省城的东边）。子婴无法抵御，只得投降，秦朝就此灭亡。这是公元前206年的事。

秦朝亡得这样快，全是由于内乱，所以沛公兵来，无暇抵御。在山东的一支兵，也心变，投降人家了。秦朝是“统一专制君主”政体，初成立的时代就把什么“宰相谋逆”“奄宦弄权”“杀长立幼”“诛锄骨肉”“蒙蔽”“弑逆”种种事情都弄全了，这也可见得“君主政体”的流弊。欲知其详，请把《史记》的《秦始皇本纪》《李斯列传》再仔细读一遍。

第二节　项羽的分封和楚汉的兴亡

秦朝既经灭亡，封建政体的反动力就要大张其焰了。原来当时的人习惯于封建，普通人的心里，差不多以为列国分立是当然的。秦国的统一，不过是个变局（秦始皇、李斯等，对于这个问题，却要算先知先觉之士），暴力一过，总得恢复到原状的（至于前此业已互相吞并，而渐趋于统一，此等历史观念，并非普通人所有）。所以陈胜、吴广谋举事，说："等死，死国可乎。"（这"国"字是指原来的楚国，就是想要恢复楚国的意思。）范增说项梁，也说："今君起江东，楚蜂起之将，皆争附君者，以君世世楚将，为能复立楚之后也。"可以见得当时一般人的心理。既有这种心理，灭秦之后，自然没有一个人独占了的道理，自然还是要分封。谁应当受封呢？自然是六国之后和当时灭秦有功的人。谁来主这分封的事呢？自然是当时实力最强的人。这都是自然之理，无待于言的。沛公入关之后，项羽也定了河北，引兵入关，谁知道沛公早派兵把关门守住了。项羽大怒，便把函谷关打破。这时候，项羽的兵有四十万，驻扎在鸿门（在临潼县境——编者注：今为西安市临潼区）；沛公的兵只有十万，驻扎在灞上。论兵力，是万敌不过项羽的，幸而项羽有个族人，唤作项伯，和张良有交情的，听得项羽下了军令，明天要打沛公，便夤夜来见张良，劝他一同逃走。沛公乘势，便托他去向项羽疏通，明儿一早上，又带着张良、樊哙等几个人去见项羽，把守关的事当面解释了一番，才算支吾过去。当初楚怀王曾经和诸将立了一个约，说"先入定关中者王之"。这时候，项羽差人去报告楚怀王，怀王便回他"如约"两个字。项羽哪里肯听，便自己分封起诸侯来。他所分封的是：

所封的人	王号	所王的地方	都城
刘邦	汉王	巴蜀汉中	南郑（如今陕西的南郑县）
章邯	雍王	咸阳以西	废丘（如今陕西的兴平县——编者注：今为兴平市）
司马欣（秦的降将）	塞王	咸阳以东至河	栎阳（如今陕西的临潼县——编者注：今为西安市临潼区）
董翳（秦的降将）	翟王	上郡	高奴（如今陕西的肤施县——编者注：今为延安市宝塔区）
魏王豹（魏王咎的兄弟。咎自尽之后，豹逃到楚国，楚人立他做魏王）	西魏王	河东	平阳（如今山西的临汾县——编者注：今为临汾市）
韩王成（不多时，项羽把他杀了，改立了旧时候吴县的县令郑昌）	韩王		阳翟（如今河南的禹县——编者注：今为禹州市）
申阳（张耳的嬖人）	河南王		洛阳（如今河南的洛阳县——编者注：今为洛阳市）
司马卬（赵国的将）	殷王	河内	朝歌（如今河南的淇县）
赵王歇	代王		代（如今直隶的蔚县——编者注：今为河北蔚县）
张耳	常山王	赵	襄国（如今直隶的邢台县——编者注：今为河北邢台市）

续表

所封的人	王号	所王的地方	都城
英布（楚国的将）	九江王		六（如今安徽的六安县——编者注：今为六安市）
吴芮（秦国的番阳令，起兵跟了诸侯入关的。番阳，如今江西的鄱阳县）	衡山王		邾（如今湖北的黄冈县——编者注：今为黄冈市）
共敖（义帝的柱国，传到他的儿子尉，给汉朝灭掉的）	临江王		江陵（如今湖北的江陵县）
燕王广（给臧荼杀掉的）	辽东王		无终（如今直隶京兆的蓟县——编者注：今属天津市）
臧荼（燕国的将）	燕王		蓟（如今的北京）
齐王市	胶东王		即墨（如今山东的即墨县——编者注：今为即墨区）
田都（齐国的将）	齐王		临淄（如今山东的临淄县——编者注：今为淄博市临淄区）
田安（战国时齐国最后的王，唤作建的后人）	济北王		博阳（如今山东的泰安县——编者注：今为泰安市）

他却自立做西楚霸王，王梁、楚地九郡，都彭城（九郡的地，《史记》《汉书》上都没有明文；据恽氏敬所考，是泗水、薛、郯、琅邪、陈、砀、东郡、会稽；会稽郡里，又分出一个吴郡来。见他所著的《西楚都彭城论》）。表面上把楚怀

王尊作义帝，实际上却把他迁徙到江南的郴（如今湖南的郴县——编者注：今属郴州市）；不多时，又把他弑了。

他这分封的意思，不过是猜忌汉王，不要他占据关中形势之地，所以生出一个解释来，说巴、蜀、汉中也是关中之地（战国时曾属于秦，所以生出这一说），就把来封了他。却把秦国三个降将封在关中，去堵住他的路（这三个人都是项羽亲身收服的，而且这三个人带着秦人在外打仗，死掉许多，秦人很恨他，不怕他据着关中反抗）。他自己所据的地方既大，又是本来的势力根据地，形势也是很好的。

然而，他把赵、魏、燕、齐的旧王都搬到别处，去改封了自己心爱的人，人家心上就有些不服。加以当时还有“有功而未得封”或“拥兵而无所归”的人，也想要捣乱，天下就多起事来了：这一年四月里，诸侯罢兵，各就国，八月里，田荣就并了三齐［田荣见项王把田市迁徙到胶东，大怒，留住他，不许他到胶东去。田市怕项王，就逃了去，田荣大怒，追上，把他杀了，又发兵打死田都。这时候，有一个昌邑人，唤作彭越，本来起兵跟汉王的，带着一万多人，在钜野（如今山东的巨野县）没有归宿，田荣就给他一颗将军印，叫他打死田安，田荣就并王三齐］；陈馀也起兵攻破张耳，迎接代王歇还去做赵王。赵王感激陈馀，就把他封作代王［陈馀和张耳，本来是好朋友，后来张耳给章邯围在钜鹿，陈馀不敢去救。张耳派两个人去求救，陈馀没法，只得派几个兵，同着他两个去试试。这时候，秦国的兵势盛，都死了。张耳疑心这两个人是陈馀杀掉的，钜鹿解围以后，屡次盘问他。陈馀大怒，把印解下来，给张耳道：我这兵请你带了罢，我不干了。张耳手下有个人劝张耳就此接受了。陈馀没法，只得带了几十个人到大泽中去渔猎。项羽因他没有跟从入关，只封了他南皮（如今直隶的南皮县等三县的地方——编者注：今属河北），陈馀心上不服，田荣起兵之后，便去请兵，打破了张耳］。项羽既然是霸王（好比春秋时候的霸王），诸侯闹了这种乱子，当然是他的责任，只得亲身去攻打田荣。汉王乘机，用韩信做大将，八月，还定三秦；又派兵击掳了韩王郑昌。明年正月，汉王出关，降河南王申阳；渡河，降西魏王豹，掳殷王卬；就带了塞、翟、韩、殷、魏的兵五十六万人东伐楚。项王这时候已经打死了田荣。田荣的兄弟田横又立了田荣的儿子田广，项王“连战未能下”。汉王却乘虚攻入彭城。项王听得，带了精兵三万，从胡陵（如今山东的鱼台县）回攻汉王。这一仗，把汉王杀得大败亏输，士卒死了二十多万人。

然而汉王据了荥阳（如今河南的荥泽县——编者注：今为荥阳市，是个黄河津渡之处。据了荥阳，就可以出兵河北）、成皋（如今河南的汜水县——编者注：今属荥阳市，西边就是著名的虎牢关，是从山东到洛阳去的紧要关隘。据住成皋，东来的兵就不得到洛阳，关中自然安如泰山了），和楚人相持。有萧何留守关中，发关中的人补充军队；运巴蜀的粮供给军饷。项羽的后路（梁地）却时时为彭越所扰。汉王一方面，有韩信平定了西魏（汉王败后，反汉为楚）、赵、代，又攻破了齐（田广死了，田横逃到海岛上；到汉高祖平定天下之后，召他，他走到离洛阳三十里的地方自杀）；项羽一方面，却连一个最得力的英布也叛降了汉，渐渐地兵少食尽。项羽无法，只得和汉讲和，中分天下，以鸿沟为界（当时河、淮二水间的运河。《史记·河渠书》："荥阳下引河东南为鸿沟，以通宋、郑、陈、蔡、曹、卫，与济、汝、淮、泗会。"），从鸿沟以东为楚，西为汉。约既定，项羽就引兵东归，汉王却背约追他，合着韩信、彭越的兵，把他围在垓下（如今安徽的灵璧县），项王带了八百骑突围南走，到乌江（大江津名，在如今安徽的和县），自刎死了。天下就统一于汉。这是公元前202年的事。

自从陈涉发难，六国之后，纷纷自立；秦亡之后，项羽又大封诸侯；到这时候，又都烟消火灭了。这要算"封建的反动力"第一次失败。

豪杰亡秦，要算中国平民革命第一次成功。以前汤放桀、武王伐纣、秦灭周，都是以诸侯革天子的命（三家分晋，田和篡齐，是以大夫革诸侯的命）。这时候，革命的是一班什么人，成功的又是一班什么人，请看：

《史记·高祖本纪》：高祖为人……仁而爱人，喜施（这六个字，是用钱撒泼的别名），意豁如也。常有大度（这八个字，是无赖行径，什么事都不放在心上），不事家人生产作业。及壮，试为吏，为泗水亭长，廷中吏无所不狎侮。好酒及色。尝从王媪、武负贳酒，醉卧，武负、王媪见其上常有龙，怪之。高祖每酤留饮，酒雠数倍。及见怪，岁竟，此两家尝折券弃责。

高祖尝繇咸阳，纵观，观秦皇帝，喟然太息曰：嗟乎！大丈夫当如此也。

只这几句话，活画出一个无赖的行径。要是细心搜寻，一部《史记》里不知可以搜出多少条来，现在且别细讲它。再看辅佐他的人：萧何、曹参，都是刀笔吏；只有张良是个世家子弟，然而他的性质，也是和江湖上人接近的；陈平便是个不事生产的人；韩信、彭越更不必说了。汉高祖用了这一班人，却居然成功，项王“其所任爱，非诸项，即妻之昆弟；虽有奇士不能用”（这是陈平说项王的话，见《史记·陈丞相世家》），分明带有贵族性质，就到底败亡。而且当时不但贵族里头没有人，就是草野之间出一点“贤人”的名声的，这个人也就没甚用处（如周文、张耳、陈馀等），反不如这一班无赖，这不是气运使然吗？实在就是社会组织的变迁。赵翼的《廿二史札记》里，有一段论这事的，题目是《汉初布衣将相之局》，考据得很精详，可以参看一参看。

第三节　汉初功臣、外戚、宗室三系的斗争

项羽灭掉了，天下就算太平了吗？还没有呢，当时还有几种特殊势力。

其一是“功臣”。侯国革命时代，革了命，谁应当做皇帝是一定的（譬如夏亡之后，做皇帝的当然是汤，商亡之后，做皇帝的当然是武王。断没有伊尹、太公出来和他竞争的道理）；平民革命时代就不然了，你好做，我也好做。项羽虽灭，韩信、彭越……各个和汉高祖资格平等的，怎教他不生心？做皇帝的如何不要疑心他？疑心他，他如何不要自卫？这班人又都是身经百战的，如何不可怕？在各种特殊势力之中，这一种要算是最危险的了。

其二是“宗室”。这一种特殊势力，是有意造出来的。当时的人对于封建有两种心理：一种是被灭的人，想要恢复固有的基业。秦朝末年，六国之后，纷纷自立，就是这一种心理。一种是灭掉人家的人，想要封建自己的子弟亲戚，以为屏藩。淳于越

劝秦始皇："臣闻殷周之王千余岁，封子弟功臣，自为枝辅。今陛下有海内，而子弟为匹夫。卒有田常、六卿之臣，无辅拂，何以相救哉？事不师古，而能长久者，非所闻也。"就是这一种心理。这种议论，秦始皇没有实行，汉高祖却实行起来了。

其三就是"外戚"。外戚成为一种特殊势力，其根本也是从历史上来的。当分裂的时代，部落和部落、国家和国家，总是互相仇敌。能够互相联络的，本家之外，自然只有亲戚。终汉之世，外戚的为害最烈，难道汉朝的皇帝，性质和别一朝不同，总喜欢任用外家吗？也因为汉时的社会，"去古还近"，人心为"风气所囿"，不能自拔。至于汉高祖的丈母家，更是助他取天下的，事成之后，自然也成为一种特殊势力了。这里头的关系，读史的人都不大留意。我现在把它揭出来，却是很有趣的。

《史记·高祖本纪》：单父人吕公善沛令，避仇从之客，因家沛焉。沛中豪桀吏闻令有重客，皆往贺。萧何为主吏，主进；令诸大夫曰：进不满千钱，坐之堂下。高祖为亭长，素易诸吏；乃绐为谒曰"贺钱万"，实不持一钱。谒入，吕公大惊，起，迎之门。吕公者，好相人，见高祖状貌，因重敬之，引入坐……酒阑，吕公因目固留高祖。高祖竟酒，后。吕公曰：臣少好相人，相人多矣，无如季相，愿季自爱。臣有息女，愿为季箕帚妾。酒罢，吕媪怒吕公曰：公始尝欲奇此女，与贵人。沛令善公，求之不与，何自妄许与刘季？吕公曰：此非儿女子所知也。卒与刘季。吕公女，乃吕后也，生孝惠、鲁元公主。

看“避仇从之客”一句，便知道吕公也不是安分之徒，正和“好酒及色”“不事家人生产”的人是一路。再看：

高祖为亭长时，尝告归之田。吕后与两子居田中耨，有一老父过，请饮，吕后因铺之。老父相吕后曰：夫人天下贵人。令相两子，见孝惠，曰：夫人所以贵者，乃此男也。相鲁元，亦皆贵。老父已去，高祖适从旁舍来，吕后具言：客有过，相我子母皆大贵。高祖问，曰：未远。乃追及，问老父。老父曰：乡者夫人婴儿皆似君，君相贵不可言。高祖乃谢曰：诚如父言，不敢忘德。及高祖贵，遂不知老父处（**这十个字，妙不可言。一句话点穿他都是造谣，毫无对证**）。

…………

秦始皇帝尝曰：东南有天子气。于是因东游以厌之。高祖即自疑，亡匿，隐于芒、砀山泽岩石之间。吕后与人俱求，常得之。高祖怪问之。吕后曰：季所居上常有云气，故从往常得季。高祖心喜，沛中子弟或闻之，多欲附者矣。

可见当时“造谣惑众”，两口子都是串通了的。还有吕后的妹夫樊哙，是和高祖同隐于芒、砀山泽之间的，沛县人起兵时，就是托他去寻找高祖。吕后的哥哥，一个唤作泽，一个唤作释之，都是跟随着高祖起兵的。高祖彭城之败，得了吕泽的兵，方才站住。吕氏一系，有这许多人，如何不要成为特殊势力呢！所以当时的人说："吕氏雅故本推毂高帝就天下。"（见《史记·荆燕世家》）这句话，实在不是瞎说的。

当时的功臣，有封地的，都给高祖和吕后两个人灭掉。这个可算刘、吕两系，合力以摧残功臣系。

齐王韩信（韩信破齐之后，就自立做了齐王，这时候，高祖没法，只得因而封之。到破了项羽以后，便"驰入齐王信壁，夺其军"，把他改封做楚王。后来又用陈平的计策，伪游云梦，趁他来谒见，把他捉起来，说有人告他造反，带到京里，赦了他，封为淮阴侯。公元前197年，代相陈豨反了，高祖自将去打他，吕后在京城里，又叫人诬告韩信谋反，把他杀掉）。

梁王彭越（高祖背约追项羽的时候，约会韩信、彭越，他俩都不来。高祖没法，用张良的计策，加给韩信封地，又封彭越做梁王，他俩才都来。韩信死这一年，也有人告他谋反，高祖便把他废了，徙之于蜀。走到路上，遇见吕后；彭越哭着对她说实在没有谋反，求吕后替他做主，放他回家乡。吕后便带他到洛阳去见高祖，说："彭王壮士，今徙之蜀，此自遗患；不如遂诛之，妾谨与俱来。"于是再叫人告彭越谋反，又把他杀掉）。

韩王信［韩国的子孙，以勇敢著闻的。高祖定三秦时，叫他击灭郑昌，就立他做韩王。天下既定，把他迁徙到晋阳，想要靠他抵御匈奴，他便自告奋勇，请徙治马邑（如今山西的马邑县——编者注：今属朔州市），汉朝许之。谁知这时候，匈奴兵力很强，把他围了起来，他抵敌不过，只得差人求和。这件事给汉朝知道了，便去责问他。他急了，就索性投降匈奴，带他入寇。韩信死的这一年，给汉朝将军唤作柴武的打死］。

淮南王英布（英布本来是项羽的降将，自然不能自安，也是韩信死的这一年造反，明年，给汉高祖打败了，逃到江南，吴芮的儿子吴臣把他骗去杀掉）。

赵王张敖（张耳给陈馀打败之后投奔汉王，后来跟着韩信去打陈馀，陈馀死后，便立他做赵王。张耳死后，儿子张敖接续下去。又尚了鲁元公主。高祖走过赵国，张敖出来迎接，甚为恭敬。高祖却“箕踞嫚骂”。赵相贯高不忿，就想谋弑高祖，事情没有成功，倒给人家告发起来。同谋的人，都图个自尽。幸而贯高挺身到京，力白张敖并不知情，张敖的性命才算保全，然而赵王的位子却保不住了。这是公元前199年的事）。

燕王卢绾（卢绾和高祖是同乡，他的父亲，就和高祖的父亲是好朋友。卢绾和高祖同日而生，长大来，又是好朋友。高祖击灭臧荼，就封卢绾做燕王。后来高祖去攻陈豨，卢绾也派兵夹攻，陈豨差人到匈奴求救，卢绾也差个张胜到匈奴去，叫匈奴别救他。这时候臧荼的儿子在匈奴国里，对张胜说道："你们何必急急攻陈豨，陈豨灭亡，连你们燕国也保不住了。"张胜以为然，就叫匈奴发兵攻燕，好等燕国借此撤兵自救，不去攻陈豨。卢绾见张胜去后，匈奴的兵反来攻打，说张胜反了，就上书汉朝，请族诛张胜。不多时张胜回来，说明原因，卢绾才知道他都是为着自己，懊悔不迭，就随意杀了一个人，对汉朝说是张胜。后来这件事情被发觉了，汉高祖便叫樊哙去打他。卢绾逃出长城外。这时候，高祖已经病了，他和高祖毕竟是有交情的，时时在长城外打听，想等高祖好了，亲自进京来解释。后来知道高祖死了，便逃到匈奴，死在匈奴国里）。

只有长沙王吴芮，因所封的地方很小，而且偏僻，无关大局，所以没有灭亡。当时所封建的同姓，却有：

荆王贾（高祖的从父兄。韩信废后，分其地，立贾和楚元王。英布造反的时候，刘贾给他打死）。

楚元王交（高祖的同父弟）。

吴王濞（高祖兄仲的儿子，英布灭后立的）。

齐悼惠王肥（以下七王，都是高祖的儿子）。

代王恒［就是文帝。代本来是封高祖兄仲的（仲名喜），仲为匈奴所攻，弃国逃回，才拿来封文帝］。

赵隐王如意（张敖废后立的）。

淮南厉王长（英布灭后立的）。

梁王恢（彭越灭后，立恢和淮阳王友）。

淮阳王友。

燕灵王建（卢绾废后立的）。

“高祖刑白马与诸侯盟，曰：非刘氏而王者，天下共击之。”这个真可算得把天下当一家的产业了。

高祖死后，形势就一变，变作“外戚一系，内斗功臣，外斗宗室”的样子。原来吕后的干政，不是从高祖死后起的。《史记》上说：“戚姬幸，常从上之关东……吕后年长，常留守，希见上，益疏。”高祖固然是个好色之徒，然而吕后的留守，却不尽是“色衰爱弛”的缘故。高祖从灭掉项羽以后，重要的战役，大概是自将，还要出去巡行，一年倒有半年不在京城里。这时候，京城里的事情，不是交给吕后，是交给谁（若说全权付托宰相，却并没这一回事，请看《萧相国世家》自知）？所以高祖死后，吕后出来管理朝政，她这资格，是早就养成了的。吕氏一系，又有许多人夹辅她，自然没人敢反抗。

高祖晚年，爱了一个戚夫人，生了个赵王如意，想要废掉太子立他，赖大臣力争得免（其实也因吕氏在当时是一种特殊势力。要有吕后，才能和功臣系相持，换个戚夫人，就糟了）。高祖死后，孝惠帝即位，吕后就“断戚夫人手足，去眼，煇耳，饮瘖药，使居厕中，命曰‘人彘’”。叫孝惠帝去看，惠帝看了大哭，病了好几个月。从此以后，惠帝不以他母亲所为为然，却又没奈何她，就无心政事，一味取乐，渐渐成病。公元前188年，死了。惠帝的皇后，是鲁元公主的女儿（惠帝的外甥女），无子，太后叫她杀掉后宫有子的美人，取其子以为子。这时候，立了他，是为少帝，太后临朝称制。公元前184年，少帝年长了，知道他的母亲是给吕后杀掉的，口出怨言，吕后把他废掉了，立了个常山王义，改名为弘（太后所封孝惠帝的儿子，有好几个，就是淮阳王彊，常山王不疑，襄城侯山，轵侯朝，壶关侯武。彊死后，徙武为淮阳王。不疑死后，徙山为常山王，改名义。这几个人，历史上说他不是孝惠帝的儿子，这句话究竟是实情还是汉大臣造的，现在无从断定，请看下文）。从此到公元前180年吕后死以前，朝廷的政权始终在她手里。

吕后对于宗室，杀掉一个赵隐王如意，又杀掉一个赵幽王友（就是淮阳王，如意死后徙封），一个赵共王恢（就是梁王）。燕灵王建死后，她又叫人杀掉他的庶子，又割了齐国的琅邪、济南二郡，都拿来封自己一系的人。还割了齐国的城阳郡，来做鲁元公主的汤沐邑［太后要封诸吕时，右丞相王陵便引“高祖白马之盟”来抵抗她。左丞相陈平、绛侯周勃说：“高帝定天下，王子弟，今太后称制，王昆弟诸吕，无所不可。”（这句话倒也爽快）于是王陵免职，封诸吕的事就实行起来。琅邪王是高祖的堂房弟兄，在高祖手里不甚得法，吕后秉政，才去拍马屁，所以也是吕后一系的人］。

燕	灵王建	吕通（吕后的侄孙）
赵	隐王如意　幽王友　共王恢	吕禄（吕释之的儿子）
梁	恢	吕产（吕台的兄弟）
齐	悼惠王肥	齐悼惠王肥　哀王襄 吕王吕台（吕泽的儿子） 琅邪王刘泽 城阳鲁元公主汤沐邑

她对于功臣系，就是叫吕禄、吕产（起初是吕台带的，吕台死后，吕产接他的手）带了南北军（汉朝京城里的兵，参看第八章第四节），夺掉太尉周勃的兵权［这件事在惠帝死后。张良的儿子唤作张辟疆，这时候只有十五岁，做侍中的官。去见陈平道：太后只有这一个儿子，现在死了，她哭得并不伤心，你知道是什么缘故？陈平道：我不知道呀！张辟疆道：皇帝（指惠帝）没有大的儿子，太后心上，就是怕你们这班人。你何不请于太后，叫吕台、吕产、吕禄，都带了南北军。那么，太后心安，就不来害你们了。陈平听了他。《史记》上说"吕氏权由此起"。十五岁的小孩子知道什么？自然是太后指使他去的。大概张良是外戚一系的人；所以高祖要废太子，吕后叫吕泽去逼他画策（《留侯世家》）；吕后想要叫吕氏带南北军，又是张辟疆出头］。

吕后临死的时候，吩咐吕禄、吕产等道："大臣恐为变。

必据兵卫宫，慎毋送丧，毋为人所制。”谁知吕后一死，风波就起来了，原来齐悼惠王有九个儿子，这时候，朱虚侯章、东牟侯兴居，都在京城里，便叫人去招呼哀王襄，叫他起兵来诛诸吕，自己做内应；齐哀王果然听了他，发兵而西。吕禄、吕产便叫灌婴去打他。这灌婴也是功臣系里的人，如何肯替外戚系出力？走到荥阳，便和齐王联合。陈平、周勃等乘机叫郦商（高帝的谋臣）的儿子郦寄去说吕禄，“以兵属太尉”，归国就封。吕禄还犹豫不决。他们又找到一个尚符节纪通，就叫他诈传诏旨，把周勃送到北军里，又分了一千兵给朱虚侯，朱虚侯就把吕产杀掉。于是悉捕诸吕男女，无少长皆斩之。外戚系的势力，到此就算消灭了。

齐悼惠王肥
- 哀王襄
- 城阳景王章
- 济北王兴居
- 齐王将闾
- 济北王志
- 济南王辟光
- 菑川王贤
- 胶西王卬
- 胶东王雄渠

然而宗室系和功臣系的暗斗又起来了。当这时候，最紧要的便是“皇位继承”问题，《史记》上记他们的事情道：

诸大臣相与阴谋曰：少帝及梁、淮阳、常山王，皆非真孝惠子也。吕后以计诈名他人子，杀其母，养后宫，令孝惠子之，立以为后及诸王，以强吕氏。今皆已夷灭诸吕，而置所立，即长用事，吾属无类矣。不如视诸王最贤者立之。或言齐悼惠王，高帝长子，今其適子为齐王，推本言之，高帝適长孙，可立也。大臣皆曰：吕氏以外家恶，而几危宗庙，乱功臣，今齐王母家驷钧，驷钧，恶人也，即立齐王，则复为吕氏。欲立淮南王，以为少，母家又恶。乃曰：代王，方今高帝见子最长，仁孝宽厚。太后家薄氏谨良。且立长故顺，以仁孝闻于天下，便。乃相与共阴使人召代王。

这件事，《史记》上说明他们是“阴谋”，可见得“少帝及梁、淮阳、常山王，皆非真孝惠子”。这句话，并非实录。不过他们恐怕“即长用事，吾属无类”，所以造为此说罢了。这时候，宗室里头要算齐最强，他们毕竟把他排掉了，立了一个无势无力的代王，这个也要算宗室和功臣系的一场暗斗。

文帝即位，把城阳、琅邪、济南三郡都还了齐；徙刘泽王燕（刘泽虽然宗室，却是吕后封他的。齐王起兵的时候，把他骗来，软禁起来，却叫人去发其国兵，并将而西。刘泽无法，说齐王道：你软禁了我，也很无谓。现在京城里人，正在那里议立谁做皇帝呢。我在姓刘的里头年辈最尊，你不如放我进京去替你游说游说。齐王就放了他。谁知他一进京，也主张齐王立不得，要迎立代王）。当诛诸吕的时候，诸大臣许把赵地王朱虚侯、梁地王东牟侯。文帝听得他两个本意要立齐王的，只把朱虚侯封作城阳王、东牟侯封作济北王。城阳王立两年就死了，济北王不久到底以谋反伏诛。齐哀王死后，儿子文王则又死了，没有后人，文帝便把他的地方分作六国，立了将闾、志、辟光、贤、卬、雄渠六人，这个已是“众建诸侯而少其力”的意思了（汉高祖的儿子，还有一个淮南厉王长，公元前174年，以骄恣伏诛）。

然而这时候，诸侯里头还有一个吴国。他的国里是有章郡（秦鄣郡，治今浙江长兴县）铜山，可以即山铸钱。又东煮海水为盐，以是国无赋税，又招致了许多亡命，本来是危险分子。文帝时，吴太子来朝，和皇太子（景帝）饮博，争道不恭，皇太子以博局提杀之，自然是加一层怨恨。文帝是用软功的，吴王不朝，便赐以几杖，以示承认他有病的意思。吴王得汉朝宽容，反谋也就缓下来了，然而造反的资格毕竟还在。到景帝即位，又用了晁错，削起诸侯的地来。原来汉初封建同姓，土地都很大，这时候，承丧乱之后，户口还少，承平数世，也就加多起来，诸侯的势力更强了。到文帝时候，各种特殊势力，只剩了这一种，自然要从此想法子。所以贾谊说：

欲天下之治安，莫若众建诸侯而少其力：力少则易使以义；国小则亡邪心……割地定制，令齐、赵、楚各为若干国，使悼惠王、幽王、元王之子孙，毕以次各受祖之分地，地尽而止，及燕、梁他国皆然。其分地众而子孙少者，建以为国，空而置之，须其子孙生者，举使君之……

这种法子是一个和平的法子，文帝手里没有实行。到景帝即位，任用晁错做御史大夫，晁错的主意，却比贾谊激烈了。他不用“把诸侯的地方分给他自己子孙”的法子，却硬用天子的权力来削诸侯的地。他说：“削之亦反，不削亦反，削之其反亟，祸小；不削其反迟，祸大。”公元前154年——景帝三年，一举就削了楚、赵、胶西三国的地方。于是吴王恐“削地无已”，就和济南、菑川、胶东、胶西四国，及楚王戊（元王的孙）、赵王遂（如意的儿子，文帝所封），同举兵反起来了。

吴国的反谋，蓄了三十多年，一发起来自然声势浩大了（他下令国中，说：“寡人年六十二，身自将；少子年十四，亦为士卒先。诸年上与寡人同，下与少子等皆发。”一共得了二十多万人。又发了闽越、东越两国的兵。他移书诸侯道：“吴国虽贫，寡人节衣食用，积金钱，修兵革，聚粮食，夜以继日，三十余年矣。凡皆为此……能斩捕大将者，赐金五千斤，封万户；列将，三千斤，封五千户；裨将，二千斤，封二千户；二千石，千斤，封千户；皆为列侯。其以军若城邑降者，卒万人，邑万户，如得大将；人户五千，如得列将；人户三千，如得裨将；人户千，如得二千石；其小吏，皆以差次受爵金。它封赐，皆倍军法。其有故爵邑者，更益，勿因……寡人金钱在天下者，往往而有，非必取于吴，诸王日夜用之不能尽。有当赐者，告寡人，寡人且往遗之。”）。幸而有善于用兵的周亚夫，总算应时戡定［当时七国的兵，系吴、楚两国西攻梁；济南、菑川、胶东、胶西四国，共攻围齐；赵国也发兵入齐西界。汉景帝派将军郦寄击赵，栾布击齐，太尉周亚夫击吴、楚。吴、楚的兵最轻剽，难与争锋。梁国的都城睢阳（如今河南的商丘县——编者注：今为商丘市）被围甚急，亚夫不去救，却东北壁昌邑（如今山东的金乡县），遣轻骑出淮泗口，绝吴、楚粮道，吴、楚兵攻睢阳不克，攻亚夫军又不胜，粮尽，只得退回。亚夫遣兵追击，大破之。吴王逃到东越，给东越人杀掉。楚王戊自杀。济南、菑川、胶东、胶西四国的王都伏诛。齐王将闾本和四国有谋，后来才反悔了，城守拒敌，到这时候，也惧而自杀。梁孝王武是景帝的同母弟］。从此以后，汉朝就“摧抑诸侯，不得自治民补吏”，实权都在“相”的手里。武帝时，又用主父偃的计策，叫诸侯把自己的地方分封自己的子弟。从此以后，列国疆域更加狭小，汉初的封建就名存实亡了（周亚夫是周勃的儿子，也带一点功臣系的臭味，所以后来毕竟不得其死。参看《史记·绛侯周勃世家》）。

第三章　汉初的休养生息

功臣、外戚、宗室，三系的捣乱，都已讲过，就可以讲到汉初社会的建设方面了。要考察社会的情形，物质方面和精神方面都得注重的。精神方面固然要受物质方面的支配，物质方面也要受精神方面的支配。汉初社会的精神方面却是怎样呢？《史记》上说：

> 黎民得离战国之苦，君臣俱欲休息乎无为。（《吕太后本纪》）

为什么有这种心理？请想一想。西周以前不必论，从春秋到战国，中国实在经过五百年的长期战争，再加以秦朝的暴虐，再加以楚汉的纷争；这时候，社会的状况如何？如何不要发生这一种心理呢？

社会心理的力量是最大不过的。生于其间的人没一个能不受它的鼓动，而且受其鼓动而不自知。

《汉书·文帝纪》：赞曰：孝文皇帝即位二十三年，宫室、苑囿、车骑、服御，无所增益。有不便，辄弛以利民。尝欲作露台，召匠计之，直百金。上曰：百金，中人十家之产也，吾奉先帝宫室，常恐羞之，何以台为？身衣弋绨，所幸慎夫人，衣不曳地。帷帐无文绣，以示敦朴，为天下先，治霸陵，皆瓦器，不得以金银铜锡为饰。因其山，不起坟。

又《刑法志》：孝惠高后时，百姓新免毒蠚，人欲长幼养老。萧曹为相，填以无为，从民之欲，而不扰乱。是以衣食滋殖，刑罚用稀。及孝文即位，躬修玄默，劝趣农桑，减省租赋。而将相皆旧功臣，少文多质，惩恶亡秦之政，论议务在宽厚，耻言人之过失，化行天下，告讦之俗易……风流笃厚，禁罔疏阔，选张释之为廷尉，罪疑者予民。是以刑罚大省，至于断狱四百，有刑错之风。

孝文帝这种恭俭的君主，在历史上却也难得。功臣是最喜欢捣乱的，也能够“论议务在宽厚”，更为奇怪。我说：这都是受了社会心理的鼓荡而不自知的［《史记·吴王濞列传》：“孝惠高后时，天下初定，郡国诸侯，各务自拊循其民。”当时的郡国诸侯，武人也不少，居然能如此，这个也是受社会心理的暗示。其效验，居然“天下初定……大城名都散亡，户口可得而数者十二三，是以大侯不过万家，小者五六百户。后数世，民咸归乡里，户益息。萧、曹、绛、灌之属，或至四万，小侯自倍，富厚如之”（《史记·高祖功臣侯者年表》）］。

当时的政治受这种心理的支配。可考见的共有三端：其一是减轻人民的负担：汉高祖初定天下，“轻田租十五而税一”。文帝十三年（公元前167年），“除民之田租”。到景帝三年（公元前154年），才令民半出租，其间共有一十三年，没有收过一文的田税。这是中国历史上仅有过一次的事（从此以后，田租是三十而税一）。其二是简省刑罚，高祖入关，就和人民约法三章。其后萧何定《九章律》，虽然沿用秦法，然而断狱四百在实际上却是简省的。文景时代，又屡有减轻刑罚的举动（详见本书第八章第五节）。其三是在政治上一切都守无为主义。所以贾生劝文帝“改正朔，易服色，法制度，定官名，兴礼乐”。文帝就“谦让未遑”（《史记·屈原贾生列传》）。匈奴屡次入寇，从景帝以前，始终取防御主义。这种政策，高祖、高后、文帝、景帝四代相继，共有六十六年

（公元前206年至公元前141年）。它的效果便是：

《汉书·食货志》：汉兴，接秦之敝。诸侯并起，民失作业而大饥馑，凡米石五千，人相食，死者过半。高祖乃令民得卖子，就食蜀汉。天下既定，民亡盖臧，自天子不能具醇驷，而将相或乘牛车……至武帝之初，七十年间，国家亡事。非遇水旱，则民人给家足。都鄙廪庾尽满，而府库余财。京师之钱，累百巨万，贯朽而不可校。太仓之粟，陈陈相因，充溢露积于外，腐败不可食。众庶街巷有马，仟伯之间成群，乘牸牝者，摈而不得会聚。守闾阎者食粱肉，为吏者长子孙，居官者以为姓号，人人自爱而重犯法，先行谊而黜愧辱焉。

这个富力的增加，也总算得快的了。然而这种政治也有个弊病，便是：一、豪强之徒侵凌穷人，毫无制裁；二、文化方面太觉黯然无色，所以激成武帝和王莽时的政治。且待下面再讲。

第四章　汉朝的武功

第一节　匈奴

秦汉时代，是中国国力扩张的时代。这是为什么？一、战国以前是分裂的，秦汉时代变作统一的大国。二、去战国时代未远，人民尚武之风还在。三、从汉初到武帝，经过近七十年的休养生息，富力也极充足。

从秦到清盛时，两千多年，中国“固定的领土”和“对外扩张的方向”，无甚变更。这个规模，是秦始皇开其端，汉武帝收其功，所以说雄才大略的，一定要数秦皇汉武。咱们现在要讲汉朝的武功，因为匈奴是汉朝一个大敌，就从它讲起。我在《上古卷》第六章第一节里，不是说过当时的匈奴，都是些“分散居溪谷”的小部落，只有河套里的一个部落稍微大点吗？这个部落便是秦汉时候的匈奴。当秦始皇时候，匈奴的单于唤作头曼。秦始皇叫蒙恬去斥逐他，头曼不能抵抗，只得弃河套北徙。到秦朝灭亡，戍边的人都跑掉了，匈奴复渡河而南，仍旧占据了河套。这时候，匈奴国里又出了个冒顿单于，东击破东胡，西走月氏，南并白羊、楼烦二王，又北服丁令等小国（这个丁令，在贝加尔湖附近。贝加尔湖，当时唤作北海），就并有如今的内外蒙古和西伯利亚的南部了（老上单于时，又征服西域）。

他这时候，便把从前“分散居溪谷”的小部落都并而为一。匈奴的统一事业到此时才算完成。所以《史记》上说：

> 自淳维以至头曼（《史记》：“匈奴，其先祖夏后氏之苗裔也，曰淳维。”《索隐》引乐彦《括地谱》曰：“夏桀无道，汤放之鸣条，三年而死。其子熏粥，妻桀之众妾，避居北野，随畜迁徙，中国谓之匈奴。”这种话，靠得住与否，可以暂时不必管它），千有余岁，时大时小，别散分离，尚矣……然至冒顿而匈奴最强大，尽服从北夷，而南与中国为敌国。

然而它的人数毕竟不多。《史记》上先说“控弦之士三十余万”，又说“自如左右贤王以下，至当户，大者万骑，小者数千，凡二十四长，立号曰万骑”。则匈奴控弦之士，实在还不足二十四万。既然“士力能毋弓，尽为甲骑”，那么，控弦之士之数，一定等于全国壮丁之数。老弱的数目，算它加两倍，妇女的数目，算它和男子相等，也还不过百五十万［（控弦之士）×2=老弱男子之数；控弦之士+老弱=男子之数；（男子之数）×2=匈奴全人数］。所以贾生说“匈奴之众，不过汉一大县”。它之所以强盛全由于：一、游牧部落性质勇悍；二、处塞北瘠薄之地，当然要向南方丰富之地发展。这是中国历史上北狄之患公共的原因。

这时候，它所占据的地方，是“诸左方王将居东方，直上谷（如今直隶的蔚县——编者注：今属河北），以往者，东接濊貉、朝鲜。右方王将居西方，直上郡（如今陕西的肤施县——编者注：今为延安市宝塔区），以西接月氏、氐、羌。而单于之庭，直代（如今山西的代县）、云中（如今山西的大同县）”。

匈奴和汉朝的兵衅，起于公元前200年（以前只算得盗边，这一次才是正式的交战）。韩王信既降匈奴，就引导它入寇，高祖自将击之，被围于平城（在如今大同县——编者注：今为大同市），七日乃解。于是用刘敬的计策：一、奉宗室女翁主为单于阏氏；二、岁奉匈奴絮、缯、酒、食物各有数；三、约为兄弟，以和亲（刘敬是个战国的策士，战国以前，本国人本和戎狄杂居的，用这种“婚姻”“赂遗”的政策，以求一时之安或为欲取姑与之计的，是很多。刘敬还是这种旧眼光。然而这时候的匈奴，已经变作大国，不是前此杂居内地的小部落，暂时敷衍，将来就可以不战而屈的。所以他这种政策毕竟无效）。从此以后，经过老上（冒顿的儿子，公元前174年立）和军臣（老上的儿子，公元前162年立）二世，都和汉时战时和，到伊稚斜（军臣的兄弟，公元前126年立）手里，形势就一变了。

武帝和匈奴启衅，事在公元前133年，用大行王恢的计策，叫马邑人聂壹阳为卖马邑城，诱匈奴单于入塞，伏兵三十余万于其旁，想要捉住他。单于还没入塞，计策倒泄露了。从此以后两国就开了兵衅。其中最有关系的有三次。一是公元前127年，卫青取河南地，开朔方郡，恢复秦始皇时的旧界。二是公元前119年，因为伊稚斜单于用汉降人赵信的计策，益北绝漠，想要诱汉兵到那里，趁它疲极而取之。汉朝便发了十万骑——这是官发的，又有私员从马，凡十四万匹，运粮重的还在外——叫大将军卫青、骠骑将军霍去病，各分一半去打他。卫青出定襄（如今的和林格尔县），打败了单于的兵，追到置颜山赵信城（赵信所造的）。霍去病出代（如今山西的代县）两千余里，封狼居胥山，禅于姑衍，临瀚海而还（置颜山、赵信城、狼居胥山、姑衍、瀚海，都应该在漠北，不能确指其处）。从此匈奴远遁，漠南无王庭。三是公元前121年，匈奴西边的浑邪王杀休屠王降汉，汉朝就开了河西四郡（酒泉，如今甘肃的高台县。武威，如今甘肃的武威县——编者注：今为武威市。敦煌，如今甘肃的敦煌县——编者注：今为敦煌市。张掖，如今甘肃的张掖县——编者注：今为张掖市）。从此以后，汉朝同西域交通的路被打开，匈奴却断了右臂了（参看下节）。这都是武帝时候的事情。

伊稚斜之后，又六传而至壶衍鞮单于（伊稚斜子乌维单于，公元前114年立，公元前105年卒。子詹师庐立，年少，号为儿单于，公元前102年卒，季父呴黎湖单于立。公元前101年卒，弟且鞮侯单于立。公元前96年卒，子狐鹿姑单于立。公元前85年卒，子壶衍鞮单于立），出兵攻乌孙。这时候乌孙已尚了汉的公主。公元前73年（宣帝本始元年），汉发五将军，又叫校尉常惠，护乌孙兵，去攻匈奴，匈奴闻汉兵出，驱其畜产远遁。所以五将军无所得。常惠的兵从西方入，却斩首三万九千余级，获马、牛、羊、驴、骡、橐驼七十余万头（这个自然是个虚数，然而为数必也不少）。匈奴怨恨乌孙，这一年冬天，单于自将去攻它，归途又遇见大雪，士卒冻死了十分之九。于是丁令乘弱攻其北，乌桓入其东，乌孙击其西，杀伤不少。加以饿死，人民去掉十分之三，畜产去掉十分之五，匈奴竟变作一个弱国了。然而还没肯服汉。直到公元前59年，虚闾权渠单于死（壶衍鞮单于的兄弟，公元前68年立），握衍朐鞮单于立，国中又起了内乱。五单于争立，后来都并于呼韩邪单于。而呼韩邪的兄呼屠吾斯，又自立做郅支骨都侯单于，杀败了呼韩邪。于是公元前52年（汉宣帝甘露二年），呼韩邪款五原塞（如今绥远道的五原县）。明年，就入朝于汉。郅支单于见汉朝帮助呼韩邪，料想敌它不过，恰好这时候，康居（见下章）给乌孙所攻，来迎接他去并力抵敌乌孙。郅支大喜，便住到康居国里去。公元前36年——元帝的建昭三年，西域都护甘延寿，副都护陈汤，矫诏发诸国兵，把他攻杀了，传首京师。前汉时代的匈奴，到这时候便算给汉征服。

第二节　西域

汉时所谓“西域”，其意义有广狭两种。初时所谓“西域”，是专指如今的天山南路，所谓“南北有大山，中央有河”。南山，是如今新疆和青海、西藏的界山；北山，是如今的天山山脉；河，就是塔里木河。这是狭义。但是后来交通的范围广了，也没有更加分别，把从此以西北的地方，也一概称为“西域”。这“西域”二字，便变成广义了。

狭义的西域，有小国三十六，后稍分至五十余。其种有“塞”，有“氐”“羌”。氐、羌是“行国”，塞种是“居国”。诸国大概户数不过数百，口数不过千余或数千（最大的龟兹，户数6970，口数81317，胜兵数20176。最小的乌贪訾离，户数41，口数231，胜兵数57）。不过是一个小部落，实在不足称为国家。其中较大而传国较久的，只有焉耆（如今新疆的焉耆县）、龟兹（如今新疆的库车县）、疏勒（如今新疆的疏勒县）、莎车（如今新疆的莎车县）、于阗（如今新疆的于阗县）五国。汉时当交通孔道的，有车师（北道，如今新疆的吐鲁番县——编者注：今为吐鲁番市）、楼兰（南道，如今已沦为白龙堆沙漠）二国。余均无足齿数。从此以西北，却有几个大国。

原来葱岭以西，是白种人的根据地（现在欧、亚两洲的界线，在地理上并不足为东西洋民族的界线；东西洋民族分布的界线，还要推葱岭、帕米尔一带大山。试观葱岭、帕米尔以西诸国，和欧洲的历史关系深，和中国的历史关系浅可知）。白种有名的古国，要推波斯，后来为马其顿所灭。亚历山大死后，部将塞留哥（Seleucus）据叙利亚（Syria）之地自立，是为条支。后来其东方又分裂而为帕提亚（Parthia）、巴克特利亚（Bactlia）两国，便是安息和大夏。大夏之东，也是希腊人所分布之地。西域人呼为Ionian，就是Yavanas的转音，这是大宛。大宛之北为康居，再西北就是奄蔡了［奄蔡，就是元史上的阿速，到将来再讲。安息是如今的波斯。大夏在阿母、西尔两河之间。大宛在其东，大约在如今的吹河流域。其北就是康居，康居的地理，《元史译文证补》把它考得很清楚的。原文甚长，不能备录，可以翻出一参考。奄蔡，也见《元史译文证补》。据近世史家所考究，葡萄、苜蓿，亦系希腊语Botrus、Medike的译音（参看近人《饮冰室专集·张博望班定远合传》）。这一节又须参考西史］。这都是阿利安族（编者注：今译雅利安族）。《汉书》上总叙它道："自宛以西，至安息国，虽颇异言，然大同，自相晓知也。其人皆深目，多须髯。善贾市，争分铢。贵女子，女子所言，丈夫乃决正。"又颜师古说：乌孙"青眼赤须，状类猕猴"。据近代人所研究，这种形状很像德意志人（《元史译文证补》卷二十七）。这些国的种族属于阿利安大约可无疑义了。

此外又有所谓"塞种"，大约是白种中的"塞米的族Semites"。其居地，本来在如今的伊犁河流域。后来为大月氏所破，才分散。《汉书》上说："昔匈奴破大月氏，大月氏西君大夏，而塞王南君罽宾（如今印度的克什米尔）。塞种分散，往往为数国。自疏勒以西北，休循、捐毒之属，皆故塞种也。"此外又有乌弋山离，"其草木、畜产、五谷、果菜、食饮、宫室、市列、钱货、兵器、金珠之属，皆与罽宾同"。难兜国，亦"种五谷，蒲陶诸果……与诸国同属罽宾”，大约亦系塞种（《汉书》上明指为氐羌的，是“蒲犁与依耐，无雷国皆西夜类也。西夜与胡异，其种类氐羌。行国，随畜，逐水草”，此外更无明指为氐羌的。只有婼羌、鄯善，亦系行国；温宿则“土地物类所有，与鄯善诸国同”，可以推定其为氐羌。据《后汉书》，则西夜子合，各自有王。又有德若，“俗与子合同”，又载车师、蒲类、移支、且弥，亦均系行国。移支“俗勇敢善战，以寇抄为事。皆被发。尤酷与羌类”。此外都不明著其种族。西域诸国前后《汉书》载其道里方位很详，如今的新疆省，设县不多，若把县名来注，反觉粗略，若把小地名来注，太觉麻烦，反不如检阅原书的清楚而正确了。所以除几个大国之外，不再详注今地。若要精密研究，看徐松的《汉书·西域传补注》最好）。

汉初，中国西北的境界限于黄河。渡河而西，祁连山脉之北是大月氏（后来河西四郡之地）。从大月氏再向西，便是西域三十六国了。大月氏本来是个强国，冒顿和老上单于时，两次为匈奴所破，逃到伊犁河流域，夺了塞种的地方（塞种于此时南君罽宾）。乌孙本来和大月氏杂居的，尝为大月氏所破，到这时候，便借兵于匈奴，再攻破大月氏。于是大月氏西南走，夺了大夏的地方。乌孙便住在伊犁河流域。汉武帝听得大月氏是个大国，想和它夹攻匈奴，募人往使，张骞以郎应募前往，路经匈奴，给匈奴人留住一年多。张骞逃到大宛。大宛派个翻译，送他到康居，康居再送他到大月氏。这时候，大月氏得了“沃土”，殊无“报胡之心”。张骞留了一年多，不得要领而归。恰好这时候匈奴的浑邪王杀掉休屠王降汉，汉朝得了河西的地方。张骞建言，招乌孙来住。汉武帝就派他到乌孙，乌孙不肯来；而张骞的副使，到旁国去的，颇带了他的人回来。汉武帝由是锐意要通西域，一年之中，要差十几回使者出去。

使者走过各国，各国是要搬粮挑水供给他的。加之当时出使的人，未必个个都是君子，颇有些无赖之徒想借此发些财的（因为所带金帛甚多。这种金帛，回来时候，未必有正确的报销。要是无赖一点，沿路还可以索诈，或者还可以带着做点买卖）。其行径，颇不敢保它正当。因此当道诸国，颇以为苦。于是楼兰、车师先叛。公元前108年，汉武帝发兵打破了这两国。后来又有人说大宛国里有一种“天马”，汉武帝差人带了“金马”去换他的。大宛王不肯，和汉使冲突，把汉使杀掉。武帝大怒，派李广利去打大宛。第一次因为路远，粮运不继，不利。武帝再添了兵去，公元前101年到底把大宛打破。大宛离汉甚远，给汉朝打破之后，西域诸国见了汉朝就有些惧怕。加之以乌孙也是一个大国，它起初和汉颇为落落寡合，后来因为时常同汉往来，匈奴人想要攻它，乌孙人急了，就尚了汉的公主。从此以后，乌孙和汉往来极为亲密。这都是汉朝的声威所以远播的原因。至于三十六国，当老上单于攻破月氏之后，就臣服匈奴。“匈奴西边日逐王，置僮仆都尉，使领西域，常居焉耆、危须、尉黎间，赋税诸国，取富给焉。”从浑邪王降汉之后，而汉通西域之路始开。攻破大宛之后，则“敦煌西至盐泽（如今的罗布淖尔——编者注：即罗布泊），往往起亭。而轮台（如今新疆的轮台县）、渠犁（轮台东），皆有田卒数百人，置使者校尉领护，以给外国使者”。然而当这时候，匈奴还时时要和中国争西域。公元前68年，郑吉攻破车师，屯田其地，保护了南道。公元前59年，匈奴内乱，日逐王降汉。于是匈奴所置的僮仆都尉消灭，而汉叫郑吉并护南北两道，谓之都护（治乌垒城，在如今库车县东南）。元帝时又设立戊己校尉，屯田车师。西域诸国，就全入汉的势力范围了（南道，是如今从羌婼、且末经于阗到莎车的路。北道，是从吐鲁番经焉耆、库车到疏勒的路。当时的争夺西域，只是争两条通路，而汉朝以屯田为保护路线的政策）。

第三节　朝鲜

貉族的情形，《上古卷》第六章第三节已经讲过了。当汉武帝时，貉族在如今奉天、吉林两省之间，大约从东辽河的上游起，北据松花江流域（当时辽东郡的塞外）。汉人称之为濊

（亦作薉），役属“卫氏朝鲜”。

朝鲜是亚洲一个文明的古国。它的始祖，就是中国的箕子，这是人人知道的。但是箕子的立国，究竟在什么地方呢?这个却是疑问。朝鲜的古史，当箕氏为卫满所灭时全然亡失。朝鲜人要讲古史，反得借资于中国。朝鲜人所自著的，只有新罗的僧人无极所作的《东事古记》。然而这部书不大可靠。据《东事古记》说：唐尧时代，有一个神人，唤作檀君，立国于如今的平壤，国号朝鲜。到商朝的中叶，传统才绝。这一段话，近来史家都不甚信他。箕子的立国，向来都说在平壤，近来也有人疑心，说箕子所走的朝鲜，实在如今的辽西。到后来，才逐渐迁徙而入半岛部的，但也没有十分充足的证据。

朝鲜当战国时代，曾经和燕国交兵，给燕国打败了。这时候，辽东地方全为燕国所据。朝鲜和燕国以浿水（如今的大同江）为界。秦灭燕之后，又扩充到浿水以东。秦灭汉兴，仍以浿水为界。卢绾之乱，燕国有个人，唤作卫满，逃到朝鲜，请于朝鲜王准，愿居国的西境，替朝鲜守卫边塞。朝鲜王许了他（所住的，大约就是秦朝所占浿水以东的地方），后来卫满势力大了，就发兵去袭朝鲜，朝鲜王战败，逃到马韩部落里，卫满就做了朝鲜的王。

三韩在朝鲜半岛的南部。马韩在西，占如今忠清、全罗两道，马韩之东是弁韩，弁韩之东是辰韩，占如今的庆尚道。

汉武帝时，想要到中国来朝贡。这时候，卫满已经传子及孙，名为右渠，阻碍三韩，不许它到中国来，又袭杀中国的辽东都尉。公元前109年，汉武帝发兵两道，把朝鲜灭掉，将其地分置乐浪（如今的黄海、平安两道）、临屯（汉江以北）、玄菟（咸镜南道）、真番（地跨鸭绿江）四郡，从此以后，朝鲜做中国的郡县好几百年。直到东晋时代，前燕慕容氏灭亡，中国在辽东的势力才全失坠。

濊貉的酋长南闾，公元前128年，曾经率男女二十八万口内属，汉武帝替他置了个沧海郡，隔几年，又废掉了。朝鲜灭后，濊人有一支，迁到半岛的东部去的，唤作东濊，又唤作不耐濊。留居故地的，就是后来的夫余。

第四节 闽粤南越和西南夷

以上三节所说，都是对外的事情。“中国本部的统一”，却也是到汉武帝手里规模才大定的。秦始皇略取南越地，置桂林、南海、象三郡，已见第一章。秦朝灭亡的时候，龙川令赵佗并了这三郡之地，自称南越武王。越国灭亡之后，“诸族子争立，或为王，或为君，滨于江南海上，服朝于楚”（《史记·越王勾践世家》）。秦有天下，取其地置闽中郡，粤王无诸，和他的同族名摇的，都佐诸侯灭秦有功。汉高帝立无诸做闽越王（都治，如今福建的闽侯县），惠帝又立摇做东瓯王（如今浙江的永嘉县）。公元前138年，闽越攻东瓯，武帝发兵救之，兵还没有到，闽越兵先已退去，东瓯请“举国内徙”。于是徙其人江淮间，东瓯的地方就空了起来。公元前112年中国灭掉南越，又灭掉东越，福建、广东两省，就永入中国版图。

当时又有所谓“西南夷”，《汉书》叙述它的形势是：

南夷君长以十数，夜郎（如今贵州的桐梓县）最大。其西，靡莫之属以十数，滇（如今云南的昆明——编者注：今属昆明市）最大。自滇以北，君长以十数，邛都（如今四川的西昌县——编者注：今属西昌市）最大。此皆椎结，耕田，有邑聚。

其外，西自桐师以东，北至叶榆，名为巂、昆明（如今云南的大理县——编者注：今为大理市）。编发，随畜移徙，亡常处，亡君长，地方可数千里。自巂以东北，君长以十数，徙、莋都（徙，如今四川的天全县。莋都，如今四川的清溪县）最大。自莋以东北，君长以十数，冉駹（如今四川的茂县）最大。其俗或土著，或移徙，在蜀之西。自駹以东北，君长以十数，白马最大。皆氐类也。

以上所述，第一类是濮族（倮罗），从黔江流域到金沙江流域，文明程度最高。第二种大约也是氐羌一类［因为若是粤族，便要断发，氐羌则或编发（就是辫发）或被发。又粤族本居沿海，没有畜牧的。这一族人“随畜移徙”，明是从北方高原之地迁来。所以知道它是氐或羌族］。在澜沧江流域，文明程度极低。第三种是氐族，在岷江、大渡河流域和嘉陵江上源。

汉武帝时，有一个人唤作唐蒙，出使南越。南越人请他吃蜀的“枸酱”，唐蒙问他，你这枸酱从什么地方来的，南越人说：从夜郎国里，走牂牁江（如今的北盘江）来的。唐蒙才晓得走牂牁江可以通南越。回来时候，就上书武帝，请通夜郎，以为是“制粤一奇”。武帝就拜唐蒙做中郎将，去晓谕夜郎。于是把夜郎的地方置了个犍为郡。隔了几年，公孙弘做了宰相，说“事西南夷繁费”，于是“罢事西南夷”。后来张骞从西域回来，说在大夏时看见蜀的布和邛的竹杖，问他从什么地方来，他说从身毒国（如今的印度）来的。如此看来，从蜀走西南夷，一定可通身毒，到得身毒，就可以通大夏。这一条路，比走“匈奴中”安稳得多了。于是再事西南夷，想要找通身毒的路。找了几年，到底找不到。伐南越这一年，发了夜郎的兵沿牂牁江而下。夜郎等国起初以为汉朝离它远，断不能占它的地方的，且乐得弄些缯帛，所以都听了唐蒙的话，愿意等中国去置郡。到这时候，见中国要发它的兵出去打仗，就有些不愿意，于是夜郎附近的且兰（如今贵州的平越县）先反，给汉朝打破了，把它的地方置了个牂牁郡。于是“西南夷震恐”，纷纷都请“置吏”，就邛都（越巂郡）、莋都（沈黎郡）、冉駹（汶山郡）、白马（武都郡）的地方都置了郡，后二年，又灭掉了滇，把它的地方置了个益州郡。

从汉武帝通西南夷之后，云南、贵州也算入了中国的版图，本部十八省的规模就此定下来了。然而因“枸酱”而通西南夷，因“蜀布”“邛竹杖”而再事西南夷，都是以商人的贩运为其动机的，这种事情，研究起来觉得殊有趣味。

第五章　前汉的衰亡

第一节　汉武帝的内政

汉武帝这个人，武功文治亦有可观（他的文治见本书第八章第六节）。然而他这个人太“不经济”。他所做的事情，譬如“事四夷”“开漕渠”“徙贫民”，原也是做得的事。然而应当花一个钱的事，他做起来总得花到十个八个，而且绝不考察事情的先后缓急，按照财政情形次第举办。无论什么事情，总是想着就办，到钱不够了，却再想法子，所以弄得左支右绌。至于“封禅”“巡守”“营宫室”“求神仙”，就本是昏瞶的事情。我如今且把武帝手里罗掘的事情，举其大者如下。

一、募民入奴婢，得以“终身复”，其本来是“郎”的，就再增加爵秩。后来又命民“买爵”“赎禁锢”“免赃罪”，特置“武功爵”十七级卖给百姓，共值三十余万金。

二、用齐的大盐商东郭咸阳、南阳大冶孔仅管盐铁。铁器皆归官铸，制盐的，都得用官发的器具。又榷酒酤。

三、算缗钱舟车。做买卖，放利息的人，有资本两千个钱，出一算（一百二十个钱）。做手艺的人，有资本四千个钱，出一算。有轺车的人出一算。商贾有轺车的出两算。船长五丈以上出一算。

四、置均输。用洛阳贾人子桑弘羊做大农丞，又代孔仅等尽管天下盐铁。桑弘羊想了一个法子，叫各处地方把本地的“出口货”作“贡品”，官却把它贩卖到别处。

五、改钱法。秦有天下，仍定以黄金、铜钱为货币。黄金用“镒”计重。铜钱仍照周朝的旧样子，每一个重“半两”，上面就铸着“半两”两个字。汉兴，黄金仍用斤计重，钱文的轻重屡次改变，最后才定为“五铢”［初用“荚钱”。高后二年，行“八铢钱”（就是半两），六年行五分钱（就是荚钱）。文帝时，铸四铢钱，武帝初年，改作三铢，后来又行半两，最后才改作五铢。五铢通行以后，铜钱的轻重，就没有改变。汉朝的五铢钱，在唐铸“开元通宝”以前始终算作良好的货币］。文帝时，“除盗铸令，使民放铸”，铜钱本已很多。武帝时，用度不足，就即多铜的山铸钱，“钱益多而轻”。

“乃以白鹿皮方尺，缘以缋，为皮币，直四十万。王侯、宗室，朝觐、聘享，必以皮币荐璧，然后得行。又造银锡白金。”（白金三品，其一曰重八两。圜形，其文龙。名白撰，直三千。其二较轻，方形，其文马，直五百。其三更轻，其文龟，直三百）销半两，铸三铢，禁私铸。后来为三铢钱轻，又铸一种“赤仄钱”，一当五。然而白金、赤仄，毕竟俱废不行。到后来，到底“悉禁郡国毋铸钱，专令上林三官铸。钱既多，而令天下非三官钱不得行。诸郡国前所铸钱皆废销之，输入其铜三官”。钱法才算大定（这一次的办法，却颇合于“货币政策”的原理。所以钱法就此定下来。可见天下事不合学理是不行的）。

以上几条，第一条波及吏治，固不必言。而且“买复”去民太多，则“征发之士益鲜”，就不得不再兴别种苛法。官筦盐铁，则物劣而价贵。算舟车，则商贾裹足，物品缺乏。设均输的时候，桑弘羊说：“如此，富商大贾，亡所牟大利，则反本，而万物不得腾跃。”则明是和商贾争利，而其害人最甚的，尤要算“算缗”和“变乱钱法”。《汉书·食货志》说：“……告缗遍天下，中家以上大氐皆遇告……乃分遣御史廷尉正监分曹往（师古曰：曹，辈也；分辈而出为使也），往即治郡国缗钱，得民财物以亿计，奴婢以千万数，田：大县数百顷，小县百余顷，宅亦如之。于是商贾中家以上大氐破。民偷甘食好衣，不事畜臧之业。”这种行为，简直和抢劫无异。论钱法，则文帝时听民铸钱，本已害人不浅。贾生说：“法使天下公得……铸铜锡为钱，敢杂以铅铁为它巧者，其罪黥。然铸钱之情，非淆杂为巧，则不可得赢。而淆之甚微，为利甚厚。夫事有召祸，而法有起奸，今令细民人操造币之执，各隐屏而铸作，因欲禁其厚利微奸，虽黥罪日报，其势不止。乃者民人抵罪，多者一县百数，及吏之所疑，榜笞奔走者甚众。夫县法以诱民，使入陷阱，孰积于此。”又说：“今农事弃捐而采铜者日蕃，释其耒耨，冶熔炊炭。”可谓“怵目刿心”了。到武帝时，“法钱不立”，而突然禁民私铸，这时候的钱并不是不能私铸的，而且私铸了是很有利的（大抵禁止私铸，只有两个法子：其一是国家所铸的钱技术极精，人民不能效为；其二是“铸造费”极多，私铸无利。此外都不足恃的。武帝专令上林三官铸钱之后，所铸的钱大约颇为精工。《汉书·食货志》说私铸的人“计其费不能相当”，就自然没有人铸了）。政府想借铸钱取利，专靠严刑峻法去禁止人民私铸，于是“自造白金五铢钱后五岁，而赦吏民之坐盗铸金钱死者数十万人。其不发觉相杀者，不可胜计。赦自出者百余万人。然不能半自出，天下大氐无虑皆铸金钱矣”，就演变成极大的惨剧了。

文景以前，近七十年的畜积，到此就扫地以尽，而且把社会上的经济，弄得异常扰乱。这都是汉武帝一个人的罪业。

然而还有崇拜他的人，不过是迷信他的武功。我说：国家的武功，是国力扩张的自然结果，并非一二人所能为。以武帝时候中国的国力，倘使真得一个英明的君主，还不知道扩充到什么地步呢。“汉武式”的用兵，是实在无足崇拜的（参看本书第八章第四节）。

第二节　霍光废立和前汉的外戚

武帝因相信神仙之故，许多“方士”“神巫”都聚集京师，就有“女巫”往来宫中，教“美人”把“木人”埋在地下，说可以度厄。到后来，就互相告讦，以为“咒诅”。于是“巫蛊”之狱起。水衡都尉江充和太子有隙。武帝派他去治此狱，他就说在皇后、太子宫里，得到木人更多。太子急了，要见武帝面诉，江充又不许，太子无法，只得矫诏发兵，把江充杀掉，因而造反，兵败自杀。于是武帝就没有太子，到晚年，婕妤赵氏，生子弗陵，武帝想立他做太子，恐怕身后儿子幼小，母后专权。先把赵婕妤杀掉，然后立他。武帝崩，弗陵立，这个便是昭帝。霍光、金日磾、上官桀，同受遗诏辅政。武帝的儿子燕王旦，因为年纪比昭帝大，反不得立，有怨望之心，和上官桀、桑弘羊同昭帝的姐姐盖长公主等结连谋反，事觉伏诛。自此大权尽归于霍光。昭帝死，无子，此时武帝的儿子只有广陵王胥在。霍光说广陵王曾经犯罪给先帝废掉的，不可立。迎立了武帝的孙子昌邑王贺，一百天，把他废掉了。再迎立戾太子的孙子病已，改名为询，这个便是宣帝。宣帝立，大权还在霍光之手。宣帝少时，因戾太子之故，系掖庭诏狱，几乎丧命。幸而掖庭令丙吉保全他，后来替他娶了个许广汉的女儿。宣帝在民间，就依靠他的外家史氏和丈母家许氏。即位之后，把许氏立为皇后。霍光的夫人名显，想把自己的女儿立作皇后，听得大怒。趁许皇后生了太子（就是元帝），叫一个女医生，进毒药把她药死，霍光的女儿就立作皇后。霍光死后，宣帝渐夺霍氏之权。霍光的儿子禹，侄孙云、山，相对而泣，霍光的夫人也急了，就把当初谋弑许皇后的事情告诉他们，他们大惊道：这是灭族的事，如何使得。于是就有反谋。事情发觉，都给宣帝杀掉（霍皇后也废掉）。霍光的废立，向来读史的人都说他大公无私。把他和伊尹并称，谓之“伊霍”。然而看《汉书·霍光传》，废掉昌邑王之后，杀掉他群臣二百余人。“出死，号呼市中曰：当断不断，反受其乱。”再看《夏侯胜传》：“昌邑王嗣立，数出。胜当乘舆前谏曰：天久阴而不雨，臣下有谋上者，陛下出欲何之……是时光与车骑将军张安世欲废昌邑王，光让安世，以为泄语，安世实不言。乃召问胜，胜对言：‘在《洪范传》曰：皇之不极，厥罚常阴，时则下人有伐上者，恶察察言，故曰臣下有谋。’光、安世大惊，以此益重经术士。”则霍光和昌邑王，明是互相齮龁之局。再看后来霍氏的权势和他的结局，则所谓“伊霍”，和历代所谓“权臣”，原相去无几。原来从科学家的眼光看起来，人是差不多的——在科学上，是不承认有什么非常之人，也不承认有什么太善极恶之人的。研究历史的目的，在于把古今的事情互相比较，而观其会通。就是要把许多事情归纳起来，得一个公例。若把儒家改制所托的话，通统认作实在，在后世，都是“欺人孤儿寡妇”的操、莽，而古代忽然有个“天下为公”的尧、舜，在后世，都是“彼可取而代也”的项羽，“大丈夫当如此也”的汉高，而在古代，忽然有个“非富天下”的汤，“以至仁伐至不仁”的武王。那就人的相异“如金石与卉木之不同类”，就无从互相比较，无从把许多事情，归纳了而得其公例，科学的研究，根本取消了。所以这些“偶像”，不能不打破他，并不是要跟死人为难。

霍光秉政的时候，鉴于武帝时天下的疲弊，颇能安静不扰，与民休息。天下总算安稳。霍氏败后，宣帝亲揽大权，宣帝是个“旧劳于外”的人，颇知道民生疾苦，极其留意吏治。武帝和霍光时，用法都极严。宣帝却留意于平恕（参看本书第八章第五节），也算西汉一个贤君。宣帝死，元帝立，从此以后便步步入于“外戚政治”了。

外戚不是偶然发生的东西，是古代社会组织上当然有的一种阶级，我在第二章第三节里已经说过了。却是中国，从秦汉而后，又有所谓“内重”“外重”之局。外重是外有强臣，政府无如之何，到后来便变成“分裂”之局。像后汉变作三国是。内重是中央政府权力甚强，政府说句话，通国都无如之何，到后来便成了权臣篡国之局。像王莽的代汉是。前汉时代，地方政府的权力，本来只有诸侯王是强的。从七国之乱以后，汉初的封建名存而实亡，就成了内重之局；而外戚又是当时社会上一个特别的阶级，那么，汉朝的天下，断送在外戚手里，是势所必至，无可挽回的（因为任用贤才，只有英明的君主才能够，是特别的事情。普通的君主，就只能照常例用人，而当时的社会，还没有脱除阶级思想。照常例用人，不是宗室，就是外戚。宗室是经过七国之乱以后，早已视为“禁忌品”，断不能用它秉政的。那么，照常例用人，就只有外戚。英明的君主，不能常得，所以外戚的被任用，是势所必至，并不是偶然发生的事情）。

汉朝外戚的专权，起于元帝时候。元帝即位，任用外戚史高，又用了旧时的师父萧望之、周堪。元帝是个“柔仁好儒”的人，颇崇信师父说的话。史高心上不大高兴，就和宦官弘恭、石显结连，把萧望之、周堪排挤掉，这是汉朝外戚和宦官发生关系之始。成帝即位，任用外家王氏，王凤、王音相继为相，权力大盛，“郡国守相，皆出门下”，内官更不必说。王氏之势，由此而成。成帝无子，立侄儿子欣做太子，是为哀帝。哀帝颇喜欢大权独揽，要“上法武宣”，然而他这个人，其实是糊涂的。罢斥王氏之后，仍代以外家丁氏和祖母的同族傅氏，又宠爱了嬖人董贤，给他做了大司马。所以政治毫无改善之处。哀帝亦无子，死后，成帝的母亲太皇太后王氏即日驾幸未央宫，收取玺绶，召了他的侄儿子王莽来“定策”。迎立了元帝的孙儿子衎，这个就是平帝，夺掉董贤的官，董贤自杀。又逐去傅氏、丁氏，灭掉平帝的母家卫氏，于是大权尽归于王莽。平帝即位的时候，年尚幼小，到后来长大了，为卫氏之故，心常不悦，为王莽所弑。迎立宣帝的玄孙婴，号为孺子，莽“居摄”，称“假皇帝”，公元9年，把他废掉自立，改国号曰新。

汉世系图

（一）高祖刘邦—（二）惠帝盈

（一）高祖刘邦—（三）文帝恒—（四）景帝启—（五）武帝彻

（五）武帝彻—戾太子据

（五）武帝彻—（六）昭帝弗陵

戾太子据—（七）宣帝询—（八）元帝奭

（八）元帝奭—（九）成帝骜

（八）元帝奭—康—（十）哀帝欣

（八）元帝奭—兴—（十一）平帝衎

第六章　社会革命

王莽这个人，后世都把他骂得是个“十恶不赦”的，然而他实在是个“社会革命家”。

要晓得王莽是个怎样的人，先要晓得西汉的社会是个怎样的社会。我不说大地主、豪商、擅山泽之利的，是当时社会上的富豪阶级吗？要晓得当时的情形如何，我且引两个人的话来做证。

今农夫五口之家，其服役者，不下二人。其能耕者，不过百亩；百亩之收，不过百石。春耕，夏耘，秋获，冬臧；伐薪樵，治官府，给繇役；春不得避风尘，夏不得避暑热，秋不得避阴雨，冬不得避寒冻；四时之间，亡日休息。又私自送往迎来，吊死问疾，养孤长幼在其中；勤苦如此，尚复被水旱之灾，急政暴虐，赋敛不时，朝令而暮改。当具有者，半贾而卖；亡者取倍称之息。于是有卖田宅，鬻子孙，以偿责者矣。而商贾大者积贮倍息，小者坐列贩卖；操其奇赢，日游都市；乘上之急，所卖必倍。故其男不耕耘，女不蚕织；衣必文采，食必粱肉。亡农夫之苦，有仟佰之得；因其富厚，交通王侯，力过吏势；以利相倾，千里游敖，冠盖相望；乘坚策肥，履丝曳缟。此商人所以兼并农人，农人所以流亡者也（**《汉书·食货志》晁错说文帝令民入粟拜爵**）。

富者田连仟佰，贫者亡立锥之地。又颛川泽之利，管山林之饶。荒淫越制，逾侈以相高；邑有人君之尊，里有公侯之富；小民安得不困……或耕豪民之田，见税什五（**师古曰：……十分之中，以五输本田主也**）。故贫民常衣牛马之衣，而食犬彘之食……古井田法虽难卒行，宜少近古，限民名田，以澹不足……去奴婢，除专杀之威（**服虔曰：不得专杀奴婢也。《汉书·食货志》董仲舒说武帝**）。

此外类乎此的话还多，一时也征引不尽。《史记·平准书》说：文景极盛之后，“网疏而民富，役财骄溢，或至兼并”。似乎兼并之祸是起于武帝以后的。其实不然。试看晁错的话，当文帝时，农民的困苦业已如此。再看荀悦说：

古者什一而税，以为天下之中正也。今汉氏或百一而税，可谓鲜矣。然豪强人占田逾侈，输其赋大半。官家之惠，优于三代。豪强之暴，酷于亡秦。是上惠不通，威福分于豪强也。文帝不正其本，而务除租税，适足以资豪强也（据《文献通考》引）。

可见第三章所引《汉书·食货志》所述的盛况，只是社会的总富颇有增加，并没有普及于众人。不过这时候，承大乱之后，人心容易餍足，再加以当时政令的宽简，也就暂时相安罢了。这种贫富的阶级，从东周以后逐渐发生成长，根深蒂固，区区秦汉之际几年的战乱，如何就得破除？那么，如何会从武帝之后才发生呢？所以汉朝的儒者，没一个不讴歌颂祷井田的（退一步，便是“限民名田”。哀帝初，师丹、孔光等辅政，曾拟有实行的办法，给豪贵反对而罢。也见《汉书·食货志》）。后世的人，都笑他们迂阔，安知道在当时实在是时势所要求？在这种情势之下，想要什么“限民名田”等平和缓进的方法，和富豪商量，请他让步，毕竟是无望的。所以王莽即位之后，就取断然的处置。下令道：

……今更名天下田曰王田，奴婢曰私属，皆不得卖买。其男口不满八，而田过一井者，分余田与九族乡党。

这种办法，还承认奴婢是私属，总还算和平的。然而到底不能实行，三年之后，就下诏“诸食王田及私属，皆得卖买”。

“田曰王田”，是所以剥夺大地主的权利，他当时又立了五均、司市、泉府。司市以四时仲月，定出一个物价的标准来。商人的东西，有卖不掉的，五均按平价买进。有要借钱的，泉府可以出借，按月取息百分之三。这个大约是所以救济小资本家和劳力的人，摧抑重利盘剥的。又设六筦之令，官卖酒、盐、铁器，铸钱，税“采取名山大泽各物”的人。

他所行的事，最不可解的，是废掉汉朝的五铢钱，更作金、银、龟、贝、钱、布，五物，六名，二十八品（**钱货六品，银货二品，龟宝四品，贝货五品，布货十品，黄金另为一品，在外**）。大概当时的人，有一种思想，以为货币是富豪所用以兼并贫民的，所以务求灭杀它的效力。晁错说：“夫珠玉金银，饥不可食，寒不可衣……其为物，轻微易臧，在于把握，可以周海内而亡饥寒之患。此令臣轻背其主，而民易去其乡；盗贼有所劝，亡逃者得轻资也。”就是这一种思想的代表。王莽大约也是抱这种思想的人。

王莽的立心，虽然是为民请命，然而他所行的政策，实在是悖于经济原理的，所以弄得“农商失业，食货俱废”（《汉书·王莽传》上的话）。他更有一误点，就是过于“迷信法治”，不管目前的形势。《汉书·王莽传》说：

莽意以为制定则天下自平，故锐思于地里，制礼作乐，讲合《六经》之说，公卿旦入暮出，议论连年不决，不暇省狱讼冤结、民之急务。县宰缺者，数年守兼，一切贪残日甚。

再加以种种迂阔的行为（如大改州郡名及官名等），自然要土崩瓦解了。

然而王莽所以失败，还有一个大原因，原来古代的治法，是从极小的地方做起的。所谓国家，起初都是个小部落。君主和人民，本不十分悬隔；而政治上的机关，却极完备，所以一切事务易于推行，而且也易于监察，难以有弊。到后世，就大不然了。一县的地方，甚或大于古代的一国，何况天子。而所设的机关，却极其疏阔。就有良法美意，也无从推行。而且专制政体的官吏，都是对于君主一个人而负责任的；君主监察所不及，就无论什么事情，都做得出来的（固然也有好的官吏，然而政治上不能只凭希望）。那么，更有什么事情能办得好；不但办不好，而且总是有弊，倒不如一事不做，还好希望苟且偷安，“汉文式”政治的所以成功，其原因就在乎此；“反汉文式”政治的所以失败，其理由也在乎此。王莽也是其中的一个人（所以中国一切事情的停滞不进，和君主专制政体，是有很深的关系的）。

然而关于王莽这个人，《汉书》本传说他初起的时候道：

莽群兄弟，皆将军五侯子，乘时侈靡，以舆马声色佚游相高。莽独孤贫，因折节为恭俭，受《礼经》，师事沛郡陈参，勤身博学，被服如儒生。

……爵位益尊，节操愈谦。散舆马衣裘，振施宾客，家无所余。收赡名士，交结将相卿大夫甚众。

……莽既拔出同列，继四父而辅政……遂克己不倦。聘诸贤良，以为掾史。赏赐邑钱，悉以享士。愈为俭约，母病，公卿列侯遣夫人问疾；莽妻迎之，衣不曳地，布蔽膝；见之者以为僮使，问知其夫人，皆惊。

这许多事情，后人都把个“伪”字一笔抹杀了。我要请问，何以见得他一定是伪的呢？人家一定说：他后来做了皇帝，所以见得他起初都是伪的。我要请问，在从前那种政体之下，一个人有了非常的抱负，要行非常的改革，不做君主，是否能始终贯彻？为了贯彻自己的主张的缘故，事势上皇帝又可以取得到手，是否可以取来做一做，以实行自己的主张，还是应该谨守君臣之义，专做一姓一家的奴隶，听凭天下的事情，一切败坏决裂？人家又要说：他所做的事情，一件都没有成功。然而我没听过以成功失败来判决人的好坏的。

他当时，为了实行自己的主张的缘故，把儿子都杀掉，是何等廓然大公。比《上古卷》第三章第三节所述的“尧杀长子”何如？他为了办理天下事务之故，至于“常御灯火至明，犹弗能胜”，是何等勤力。到后来败亡的时候，火都要烧到身上了，他还说“天生德于予，汉兵其如予何”，是何等自信力。

唉，王莽这种人，在政治上虽然失败，他的道德、他的人格，毕竟是深可景仰的。

第七章　后汉的兴亡

第一节　光武的中兴

王莽变法，把当时社会上的经济关系，搅得稀乱，自然要民愁盗起。

当时聚众劫掠，和官府小小反抗的，到处都是。而其势力最大，毕竟成为扰乱种子的，就是绿林兵。这一支兵，起初藏匿在湖北绿林山中（在当阳县境内），所以得绿林之名。后来分为两支，一支向南郡（如今的江陵县——编者注：属湖北），号为下江兵。一支向南阳，号为新市兵。随县平林乡人（随县就是如今湖北的随县——编者注：今属随州市），也起兵附和他，称为平林兵。汉朝的宗室刘玄，就在军中。景帝五世孙刘縯、刘秀也起兵舂陵（如今湖北的枣阳县——编者注：今为枣阳市），和新市、平林兵合。于是大家会议，立哪一个做皇帝。“南阳诸豪”要立刘縯。而新市、平林诸将要立刘玄，毕竟是新市、平林诸将势力大，把刘玄立作皇帝。他起初号为更始将军，所以历史上就都称他作更始。更始既立，北据南阳，王莽发大兵四十万去攻他，和刘秀等战于昆阳（如今河南的叶县）。大败，于是响应的人，四面而起。更始派兵两支：一支攻洛阳，一支攻武关，攻武关的兵，先入长安，王莽被杀，这是公元23年的事。更始这时候，已迁都洛阳。明年，又迁都长安。这时候，海内的人，望治颇切。而更始给平林、新市诸将挟持住，不能有为，诸将所干的，都是些强盗行径的事情，不成体统。于是四海失望，关中离心。他们又把刘縯杀掉，刘秀因出巡颍阳，未与其难，于是刘秀先把河北平定，取了河内，以为根据地。这时候天下大乱，拥兵劫掠的人，到处都是。而琅邪樊崇等一派，都“朱其眉以自别”，号为“赤眉”，其众尤盛。公元25年，赤眉拥众入关，更始被杀。这时候刘秀已经在河北做了皇帝——后汉光武帝。洛阳太守朱鲔，本来是忠于更始的。更始死后，才把洛阳投降光武，于是光武迁都洛阳，所以后世称光武以后为东汉。

光武既都洛阳，明年，关中大饥，赤眉东走，光武勒兵宜阳（如今河南的宜阳县），胁降了他，于是历年的流寇扫清，天下渐有澄清之望。然而割据一方的，还有——

延岑（据汉中，后来投降公孙述）。

隗嚣（据陇西）。

窦融（据河西五郡）。

公孙述（据成都，全有益州）。

李宪（据淮南）。

刘永（梁孝王八世孙，据睢阳）。

佼强、董宪、张步（这三个人，和刘永结连，据如今山东的东部）。

秦丰（据黎邱）。

田戎（据夷陵）。

卢芳（据九原，和匈奴结连）。

其中除窦融以河西五郡降汉，不烦兵革外，只有隗嚣能得士心，公孙述习于吏事，稍有规模。其余都是强盗行径，给光武依次削平，天下就此大定了。

第二节　后汉的武功

光武既定天下，颇能轻徭薄赋，抚绥百姓。明帝、章帝两代，也颇能谨守他的成法。所以这三代，称为东汉的治世。然而东汉一代，内治上的政策，不过因袭前汉，无甚足述。只有明、章、和三代的戡定外夷，却是竟前汉时代未竟之功，而替后来五胡乱华伏下一个种子，其事颇有关系，现在述其大略如下。

匈奴从呼韩邪降汉之后，对中国极为恭顺。后来休养生息，部落渐渐盛了，就埋下一个背叛骄恣的根源。再加以王莽时，抚驭的政策失宜，于是乌珠留若鞮和呼都而尸两单于，就公然同中国对抗，北边大受其害。公元46年，呼都而尸单于死，子蒲奴立，连年旱蝗，赤地千里。乌桓乘隙攻破之，于是匈奴北徙数千里，漠南遂空。先是呼韩邪单于约自己的儿子，依次序立作单于，所以从呼都而尸以前六代，都是弟兄相及。呼都而尸要立自己的儿子，把兄弟知牙斯杀掉。乌珠留的儿子比，领南边八部，心不自安，公元48年，自立作呼韩邪单于，投降中国。于是匈奴分为南北。南匈奴的单于，入居西河美稷县（如今的鄂尔多斯左翼中旗）分派部下，驻扎边地，帮汉巡逻守御。汉人也待他甚厚。章帝末年，北匈奴益形衰弱，南匈奴想要并吞它，上书请兵。刚刚章帝死了，和帝即位，窦太后临朝，派自己的哥哥窦宪出兵，大破北匈奴于稽落山，勒石燕然山而还（大约在如今杭爱山一带）。过了两年（公元91年），窦宪又派左校尉耿夔出兵，大破北匈奴于金微山。这一次出塞五千余里，为从前汉以来出兵所未曾到（金微山，大约在外蒙的极西北）。从此以后，匈奴就远引而去，其偶然侵犯西域的，都只是它的分部。正支西入欧洲，就做了后世的匈牙利人［匈奴龙庭，《史记》《汉书》都没有明说，它的地方大约从汉开朔方郡以前，在阴山山脉里，所以侯应议罢边塞事，说："北边塞至辽东，外有阴山，东西千余里，草木茂盛，多禽兽，本冒顿单于，依阻其中，治作弓矢，来出为寇，是其苑囿也。"（见《汉书·匈奴传》）儿单于以后，所住的地方，离余吾水很近——天汉四年，且鞮侯单于悉远其累重于余吾水北，而自以精兵十万待水南。征和二年，右贤王驱其人民度余吾水六七百里。居兜衔山，壶衍鞮单于时，北桥余吾，令可渡，都见《汉书·匈奴传》——余吾和仙娥，似乎是一音之转。那么，匈奴徙居漠北之后，是住在如今色楞格河域的，合第四章第一节和《上古卷》第六章第一节看，这种人，从中国本部的北方，逃到漠南。从漠南逃到漠北，再从漠北辗转迁入欧洲，种族的迁移，可谓匪夷所思了］。

王莽末年，不但匈奴背叛，就西域也都解体。然而这时候，匈奴也无甚力量慑服西域。所以西域地方，就变作分裂的形势。北道诸国，臣服匈奴，南道地方，却出了一个莎车王贤，战胜攻取，降伏各国。光武帝既定天下，西域十八国遣子入侍，要求中国再派都护。光武帝恐劳费中国不许，于是西域和中国断绝关系。明帝时，大将军窦固，派假司马班超，出使鄯善（楼兰的改名）。鄯善王广，待超甚恭。数日之后，忽然怠慢。超知有匈奴使者至，激励部下三十六人，乘夜攻杀之。鄯善人大惧，情愿投降，班超回国，窦固奏上他的功劳，明帝就真让他做军司马，叫他再立功西域。于是班超仍带了前此的三十六人到西域去，这时候，于阗王广德攻杀了莎车王贤，称霸南道，而龟兹王建，倚仗匈奴的势力，攻杀疏勒国王而立了他的臣子兜题。班超先到于阗国去，在于阗王面前杀掉匈奴的使者，胁降了他。又差一个小吏田虑，走小路到疏勒去，出其不意把兜题拿住，自己跟着去，立了疏勒旧王的儿子，名字唤作忠的。于是西域诸国，纷纷进来朝贡。这时候，是公元73年，西域诸国已经和中国断绝关系六十五年了。汉朝也出兵北路，打破车师，再立西域都护和戊己校尉。公元75年，明帝崩，龟兹等国背叛，攻没都护，朝廷以为事西域繁费，就废掉都护和校尉，并召班超回国。班超要行，疏勒人怕受龟兹侵犯，留住他不放。于是班超就留居西域。公元80年，班超上书，请平定西域，平陵人徐干，也奋身愿意帮助班超。章帝给他一千多人，带到西域去，就让班超做西域都护。于是班超调用诸国的兵，把西域次第平定，班超在西域，直到公元109年才回国。任尚代他做都护，以峻急，失诸国欢心。和帝初年，诸国一时背叛，邓太后仍用了班超的儿子班勇，才把它镇定。班超带着区区三十六人，平定西域，真是千古的大英雄。他的事迹，本书限于篇幅，苦难详举，读者诸君，可以合着《汉书》

《后汉书》的《西域传》参考一遍。

班超平定西域，葱岭以西诸国都来朝贡。公元104年，班超差部将甘英前往大秦，走到条支，临大海欲渡，“安息西界船人谓英曰：海水广大，往来者逢善风，三月乃得度。若遇迟风，亦有二岁者。故入海人皆赍三岁粮。海中善使人思土恋慕，数有死亡者”，甘英就折了回来。大秦，就是统一欧洲的罗马，这时候，从亚洲到欧洲，陆路不通，甘英所拟走的，是渡红海到欧洲的一条路。安息西界船人的话，历史上说是安息要阻碍中国和罗马交通，故意说的，其实都是实情。详见洪氏钧的《元史译文证补》。中国和欧洲的交通，此次将通又阻，直到桓帝延熹初，“大秦王安敦，遣使自日南徼外献象牙、犀角、玳瑁，始乃一通焉”。这大秦王安敦，据现在史家考校，便是生于公元121年，殁于公元180年的Marcus Aurelius An（班勇平定西域，只限于葱岭以东，葱岭以西遂绝）。

还有汉朝人和西羌人的交涉，这件事，是后汉分裂做三国和五胡之乱的直接原因，在《近古卷》里讲。

第三节　后汉的外戚和宦官

前汉给外戚篡夺，后汉仍旧用外戚，这件事情，用后世人的眼光看起来，很觉得稀奇，然而无足为怪。我早说过，外戚是一种“特殊阶级”。凡是一种特殊阶级，不到它应当灭亡的时候，无论它怎样作恶，人家总只怪着阶级里的人，并不怪着阶级的本身，这是社会的觉悟，有一定的限度，也是无可奈何的事情。

后汉外戚之祸，起于章帝时。章帝娶宋杨两个女儿做贵人，大贵人生子庆，立作太子。小贵人生子肇，皇后窦氏，养为己子。窦皇后谮杀二宋贵人，又废掉太子庆，改立肇做太子。章帝崩，肇立，是为和帝。太后临朝，用哥哥窦宪做大将军，专权横恣。和帝年长，和宦官郑众合谋，把他杀掉，这是后汉的君主和宦官谋诛外戚之始。和帝生子，屡次不育，就把皇子寄养在民间。和帝崩，皇后邓氏，到民间去收了一个“生才百余日”的儿子来，把他立作皇帝，明年死了，是为殇帝。立清河王的儿子祜，是为安帝。太后临了十五年的朝。太后死后，安帝才亲政，斥逐邓氏，用自己皇后的哥哥阎显、耿贵人的哥哥耿宝，又宠爱了中常侍江京、李闰、樊丰、刘安、陈达，还有乳母王圣、王圣的女儿伯荣等一派小人。阎皇后无子，后宫李氏生了一个儿子，名字唤作保，立为太子。阎后和宦官合谋，谮杀李氏，废保为济阴王。公元125年，安帝到南阳去，死在路上。阎皇后和阎显密谋，秘不发丧，驰回京师，迎立章帝的孙子北乡侯懿。不多时，死了。宦者孙程等迎立了济阴王，是为顺帝，杀阎显，迁太后于离宫。孙程等十九人皆封列侯。顺帝用自己皇后的父亲梁商做宰相，在外戚里，总算安分的。梁商死后，儿子梁冀接他的手，就大专权骄恣起来。顺帝死后，儿子冲帝立，一年而死。太后和梁冀“定策禁中”，迎立章帝的玄孙清河王缵，是为质帝。年少聪明，目梁冀为“跋扈将军”。为冀所弑，迎立章帝的曾孙蠡吾侯志，是为桓帝。大权全在梁冀手里，桓帝心不能平，而满朝全是梁冀的人，只得再和宦官单超、具瑗、唐衡、左悺、徐璜等合谋，把梁冀杀掉（抄他的家产，三十多万万，减掉一年租税之半）。从此以后，汉朝外戚专权的局完，宦官乱国的事情起了。

宦官的品类，固然是不齿于人的，然而他们和皇帝极为接近。从来做皇帝的人，大概是闲置在深宫之中，毫无知识。天天同他接近的人，他如何不要听信。前代论治的人，也晓得这个道理，所以总要注意于皇帝的“前后左右”，使得他“罔非正人”。前汉时代，还懂得这个意思。在宫禁里侍候皇帝的，还多用些士人，而且要“妙选名儒，以充其任”。和帝时，邓太后秉政，才把中常侍、黄门侍郎等官，都改用阉人。历代君主，又都和他们谋诛外戚，于是宦官的权力大盛。不但干预中央的政治，甚至“兄弟姻亲，布满州郡，竞为暴虐”，就激成了天下的乱源。这时候，朝政日非，而风俗颇美，天下的士流大都崇尚气节。一时名士，外任州郡的，对于宦官的亲戚，无不尽法惩治（激于意气，以致过甚的行为，自然也是有的）。于是宦者和士流，互相嫉恶，就激成“党锢之狱”。桓帝死后，无子。迎立章帝的玄孙解渎亭侯宏，是为灵帝。窦太后临朝，窦太后的立作皇后，有个人唤作陈蕃，颇与有力。因此太后感激他，用他做太傅。又用自己的父亲窦武做大将军，陈蕃也是名流系里头的人，天下颇想望其丰采。陈蕃和窦武谋诛宦官，反为所杀。于是党锢之禁更严，灵帝长大之后，相信宦官，尤其死心塌地，而汉朝的天下就完了。

后汉世系图

（一）光武帝刘秀—（二）明帝庄—（三）章帝炟

- 庆—（六）安帝祜—（八）顺帝保—（九）冲帝炳
- （四）和帝肇—（五）殇帝隆
- 寿—（七）北乡侯懿
- 伉—宠—鸿—（十）质帝缵
- 开
  - 翼—（十一）桓帝志
  - 淑—苌—（十二）灵帝宏
    - （十三）废帝辩
    - （十四）献帝协

第八章　秦汉时代的政治和文化

第一节　官制

汉朝的制度，大概是沿袭秦朝；秦朝的制度，又沿袭三代以前。这种制度，虽未必有什么精意存乎其间，然而去古还近，大概积弊是一天深一天的。制度是一层层地，不管理论堆积起来的，所以愈到后世，愈不切于事实，愈不合于理论。秦汉的制度，确有优于后世之处；况且后世的制度，又都是沿袭秦汉而渐变的，不明秦汉的制度，就连后世制度的真相也不能明白，所以研究秦汉时代的制度颇为紧要。

变封建为郡县是从秦朝起的，咱们现在就从秦汉时代的官制讲起。

秦和西汉，中央政府最高的官是丞相，或称相国。有时但置一人，有时分置左右丞相。后汉则以太尉（天公）、司徒（人公）、司空（地公），分部九卿，称为三公，是用古代三公、九卿的官制（参看《上古卷》第八章第三节）。太尉在前汉，为中央政府最高的武职，和丞相对掌文武，仿佛像宋朝的二府。此外又有御史大夫，掌副丞相。前汉的宰相，往往从御史大夫递升。这三种，都是中央政府最高的官。

此外又有太常（秦名奉常），掌宗庙礼仪；光禄勋（秦名郎中令），掌宫殿掖户；卫尉，掌宫门卫屯兵；太仆，掌舆马；廷尉（中间曾改名大理），掌刑辟；大鸿胪（本名典客，又曾改名大行令。又有典属国一官并入），掌诸归义蛮夷；宗正，掌亲属；大司农（本名治粟内史），掌谷货；少府，掌山泽之税，谓之九寺六卿，是中央政府分掌庶务的。

带兵的官，通称校尉。而司隶校尉，主督察大奸，兼有警察的性质，权最重（带北军的中尉，主徼循京师，后改为执金吾）。

治京师的官，秦朝称为内史。汉景帝时，分置左内史。武帝时，改右内史为京兆尹，左内史为左冯翊，又把向来的都尉改为右扶风，分治内史的右地。京兆尹、左冯翊、右扶风，谓之三辅。后汉时，改京兆尹为河南尹。

外官仍分郡、县两级。郡有太守，县的户数，在一万以上的称为令，不满一万户的为长，其下都有丞、尉。十里一亭，有长；十亭一乡，乡有三老、啬夫、游徼。三老掌教化；啬夫职听讼，收赋税；游徼掌徼循，禁盗贼。（列侯所食的县，唤作“国”。皇太后、皇后、公主所食的唤作“邑”。有少数民族的唤作“道”。）

秦朝又有一种监御史，是中央政府派他出去监郡的。汉朝省去这个官，由丞相派史出去“刺郡”。武帝时，把天下分作十三州，十二州各置刺史，一州属司隶校尉——以六条督察所部（一、强宗豪右，田宅逾制，以强凌弱，以众暴寡。二、二千石不奉诏书，遵承典制，倍公向私，庞诏守利，侵渔百姓，聚敛为奸。三、二千石不恤疑狱，风厉杀人，怒则任刑，喜则淫赏，烦扰刻暴，剥戮黎元，为百姓所疾，山崩石裂，袄详讹言。四、二千石选署不平，苟阿所爱，蔽贤宠顽。五、二千石子弟，恃怙荣势，请托所监。六、二千石违公下比，阿附豪强，通行货赂，割损正令）。出于六条以外的，便不问；往来巡行，并无一定的治所。后汉以后，权渐重而位亦渐尊。然而还不过是中央政府派出去的督察之官。这时候的郡，什么事情都和中央政府直接。所以秦汉时代，实在是个“两级制”。到灵帝中平五年（公元188年），因各处纷纷盗起，列郡不能镇压，改刺史为州牧；简九卿等官，出去充任，于是其权大重；而中央政府，又不久解纽，诸州牧各自据土，纷纷占据地盘，就俨然变作三级制了。

爵分二十级：（一）公士，（二）上造，（三）簪袅，（四）不更，（五）大夫，（六）官大夫，（七）公大夫，（八）公乘，（九）五大夫，（十）左庶长，（十一）右庶长，（十二）左更，（十三）中更，（十四）右更，（十五）少上造，（十六）大上造，（十七）驷车庶长，（十八）大庶长，（十九）关内侯，（二十）彻侯（**后来因避汉武帝的讳，改为通侯**），也都是秦制用以赏有“功”“劳”的人。

秦汉官制的特色：（一）这时候的中央政府，宰相是个副贰天子，治理天下的；九卿等官，也各有独立的职权，都是分治天下众务的，不是天子的私人。到后来，纷纷任用什么尚书、中书、侍中做宰相；把九卿的职权，也夺归六部。于是所任用的，全是天子玩弄之人，君权愈扩张无限。（二）是外官阶级少而威权重，和后世大不相同。这个有好处，亦有坏处。（三）则这时候去古还近，地方自治的意思，还有存留。《汉书·高帝纪》：“二月癸未……举民年五十以上，有修行，能帅众为善，置以为三老，乡一人。择乡三老一人为县三老，与县令、丞、尉，以事相教。”可见得这时候，对于三老等官视之甚重，和后世名存实亡的，大不相同。这其中也有许多方面的因果关系，且待后文讲到后世制度的时候，比较详论。

第二节　教育和选举

后世的人，都说秦朝焚烧《诗》《书》，毁灭儒术，这句话，其实是错的。马端临说：“按西汉《公卿百官表》，博士，秦官，掌通古今……既曰通古今，则上必有所师承，下必有所传授。故其徒实繁。秦虽存其官，而甚恶其徒，常设法诛灭之。始皇使御史案问诸生，传相告引，至杀四百六十余人；又令冬种瓜骊山，实生，命博士诸生就视，为伏机杀七百余人；二世时，又以陈胜起，召博士诸生议，坐以非所宜言者，又数十人。然则秦之于博士弟子，非惟不能考察试用之，盖惟恐其不澌尽泯没矣。叔孙通面谀，脱虎口而逃亡；孔甲持礼器，发愤而事陈涉有以也哉。”（《文献通考》卷四十）这一段考据，颇为精详，虽然虐待其人，然而师承传授，确自有的，可见得儒学并没有绝，不过这种传授，是为继续“博士官之所职”起见，不是为教育人才起见，不过是古代“学术存于官守”之旧，不能算得学校。

到汉朝武帝时候，公孙弘做宰相，才奏请“为博士官置弟子五十人，复其身。太常择民年十八以上，仪状端正者，补博士弟子。郡、国、县、官，有好文学，敬长上，肃政教，顺乡里，出入不悖所闻者，令相、长、丞，上属所二千石。二千石谨察可者，常与计偕，诣太常，得受业如弟子”。这才是以传授学术为目的，可以算作学校。然而营建学舍确是王莽手里的事。

按《汉书·景十三王传》，河间献王德“武帝时……来朝……对三雍宫”。《兒宽传》：武帝东封泰山，还登明堂。宽上寿曰：……陛下……祖立明堂辟雍（师古曰：祖，始也）。似乎武帝时就有太学的。而《礼乐志》又说：“……成帝时，犍为郡于水滨得古磬十六枚……刘向因是说上，宜兴辟雍，设庠序……成帝以向言下公卿议，会向病卒，丞相大司空奏请立辟雍，案行长安城南。营表未作，遭成帝崩，群臣引以定谥，及王莽为宰衡，欲耀众庶，遂兴辟雍……”马端临说：“盖古者明堂辟雍，共为一所：蔡邕《明堂论》曰：取其宗祀之清貌，则曰清庙；取其正室之貌，则曰太庙；取其尊崇，则曰太室；取其向明，则曰明堂；取其四门之学，则曰太学；取其四面周水圜如壁，则曰辟雍，异名而同事。武帝时，封泰山，济南人公玉带上黄帝时《明堂图》，明堂中有一殿，四面无壁，以茅盖通水，水圜宫垣，为复道，上有楼，从西北入，名曰昆仑。天子从之以入，拜祀上帝，于是上令奉高作明堂汶上，如带图。修封时，以祠太一五帝，盖兒宽时为御史大夫，从祠东封。还登明堂上寿，所言如此，则所指者疑此明堂耳。意河间献王所封之地，亦是其处。非养士之辟雍也。”（《文献通考》卷四十）马氏这个说法，很确，并可同《上古卷》第八章第四节所说，互相证明。

汉朝的学校，是逐渐增盛的。武帝置博士弟子五十人，昭帝增为百人，宣帝时增至二百人，成帝末增至三千人。后汉光武时，就营建太学（建武五年，即公元29年），明、章两代，都崇儒重道，车驾屡幸太学。其时又为“功臣子孙”“四姓末属”别立校舍，“期门”“羽林”之士皆令通《孝经》《章句》。匈奴亦遣子入学，梁太后时，又诏大将军至六百石，悉遣子入学。本初质帝年号时，太学诸生遂至三万余人。学校可谓极盛，然而衰机也就伏在这个时候。这时候，学校人数只求其多，不讲实在。入学的，大概都是一班贵游子弟，并不是真正讲求学问的人。所以，范晔说这时候的学风，是“章句渐疏，多以浮华相尚”。又《三国志》董昭上疏说：“窃见当今年少，不复以学问为本，专更以交游为业。国士不以孝弟清修为首，乃以趋势游利为先。”这明是把一种纨绔子弟的气习，移植到学校里。讲声华的必定尚意气，所以到后来就激成“党锢之祸”。学校里都是一班贵族子弟，所以汉朝的太学生，是和外戚结党而攻宦官的。“此中消息，可以微窥”。

国家的学校虽然如此，究竟还不如私人教育之盛。《汉书·儒林传》：“赞曰：自武帝立五经博士，开弟子员。设科射策，劝以官禄。讫于元始，百有余年，传业者浸盛，支叶蕃滋。一经说至百余万言，太师众至千余人。盖禄利之路然也。”禄利固然是人所同欲，然而学术的兴盛，一大半的原因，也在于社会上“智识的欲望”，不容一笔抹杀。后汉则张兴著录且万人；牟长著录前后万人；蔡玄著录万六千人；楼望，诸生著录九千余人；宋登教授数千人；魏应、丁先弟子著录数千人；姜肱，就学者三千余人；曹曾门徒三千人；杨伦、杜抚、张元，皆千余人，更非前汉所及（俱见《后汉书》）。私人教育，总比国家所设立的学校为盛，这个也是中国教育史上的一个特色。

至于选举，则有两种：其一，郡国岁举孝廉。又汉武帝制郡国口二十万以上，岁察一人；四十万以上二人；六十万三人；八十万四人；百万五人；百二十万六人；不满二十万，二岁一人；不满十万，三岁一人。限以四科：一曰德行高妙，志节清白；二曰学通行修，经中博士；三曰明习法令，足以决疑，能按章复问，文中御史；四曰刚毅多略，遭事不惑，明变决断，才任三辅县令。是用古代“诸侯贡士”之制，后世的人，以为这是乡举里选，却是错的（乡举三老，方和《周礼》的“使民兴贤，出使长之。使民兴能，入使治之”相合）。其二，则朝廷要用哪一种人，特诏标出科目，令公卿郡国，各举所知。这个却是后代制科的先声，汉朝选举制度的利弊得失，要和后世比较才见，且俟后文再讲。

第三节　赋税

汉朝的田赋，本来是十五而税一；景帝以后，变作三十而税一，已见前。光武中兴以后，亦是三十而税一。到灵帝时，才加天下田税，每亩钱十文，谓之“修宫钱”。

田税以外，另有一种“口税”谓之“算赋”。人民从十五岁起，到五十六岁止，每人每年出钱百二十文，谓之一算，以治“库兵”“车马”。其事起于高帝四年（见《汉书·高帝纪》如淳引《汉仪注》），又有七岁到十四岁出的，每人二十钱，以食天子，谓之“口赋”。武帝时，又加三个钱，以补“车”“骑”“马”（见《昭帝纪》元凤四年如淳引《汉仪注》）。按《汉书·宣帝纪》，五凤三年“减天下口钱”。甘露二年“减民算三十”。“师古曰：一算减钱三十也。”成帝建始二年“减天下赋钱，算四十”。“孟康曰：本算百二十，今减四十为八十。”所谓减，都是指当年而言，并不是永远变更定额。又《贡禹传》：“禹以为古民亡赋算，口钱起武帝，征伐四夷，重赋于民。民产子，三岁则出口钱。故民重困，至于生子辄杀，甚可悲痛。宜令儿七岁去齿，乃出口钱；年二十乃算……天子下其议，令民产子七岁乃出口钱，自此始。”则是永远减免的。

又有一种“更赋”，亦见《汉书·昭帝纪》引如淳说：

“更有三品：有‘卒更’，有‘践更’，有‘过更’，古者正卒无常，人皆当迭为之，一月一更，是为‘卒更’也。贫者欲得顾更钱者，‘次直者’出钱顾之，月二千，是谓‘践更’也。天下人皆直戍边三日，亦名为更，律所谓‘繇戍’也。虽‘丞相子’，亦在戍边之调。不可人人自行三日戍，又‘行者’当自戍三日，不可往便还。因便住，一岁一更：诸不行者，出钱三百入官，官以给戍者，是为‘过更’也。”

以上三种，第一种是“税”，第二种是“赋”，税是种田的人出的，赋是修理兵器（**车马等都包括在里头**）的费用，全国人民都负担的。《汉书·食货志》所谓“税以足食，赋以足兵”。第三种是人民应服兵役的代价，就是课人民以“一种兵役的义务”的“变相的完纳”。

汉朝的国用，以田租为主。《汉书·食货志》说：“高祖……轻田租，什五而税一，量吏禄，度官用，以赋于民。而山、川、园、池、市、肆，租税之入，自天子以至封君汤沐邑，皆各为私奉养，不领于天子之经费。”所以掌谷货的大司农，是管国家财政的；掌山泽之税的少府，是掌天子私财的。所以武帝命大司农兼管盐铁，孔仅、东郭咸阳说：“山海天地之臧，宜属少府，陛下弗私，以属大农佐赋。”很有称颂他的意思，此等杂税，已见第五章第一节。昭帝时郡国所举的贤良文学，要求停罢，和桑弘羊争辩了许多话，到底只罢掉一种酒酤，其余都没有动（亦见《汉书·食货志》，其两方面争辩的话，详见《盐铁论》）。

第四节　兵制

西汉所行的，是民兵之制，人民都有当兵的义务。《汉书·高帝纪》引如淳说：“《汉仪注》云：民年二十三为正。一岁为卫士，一岁为材官骑士，习射御，骑驰战陈。又曰：年五十六，衰老，乃得免为庶民，就田里。”又《王制正义》引许慎《五经异义》：“汉承百王，而制二十三而役；五十六而免。”两说相同。按今文家说，民年三十受兵，已见《上古卷》第八章第五节。《汉书·高帝纪》又引：“孟康曰：古者二十而傅。三年耕，有一年之储，故二十三而后役之。”《五经异义》：“《高孟氏韩诗》说：年二十行役，三十受兵。”则汉朝人民的服力役，比古代迟三年，服兵役却早七年，或者汉代所承，实是古制；三十受兵，是儒家托古所致，亦未可知。

其兵的种类，有“材官”“车骑”“楼船”三种：材官是步卒，车骑是骑兵，楼船是水师。《后汉书·光武纪》引《汉官仪》：“高祖命天下选能‘引关’‘蹶张’材力武猛者，以为‘轻车’‘骑士’‘材官’‘楼船’。常以秋后讲肄课试，各有负数，平地用‘车骑’，山阻用‘材官’，水泉用‘楼船’。”大约“材官”最为普通，“车骑”边郡较多，“楼船”只有沿江海的地方有。

京师有南北军：“南军卫尉主之，掌宫城门内之兵。”“北军中尉主之，掌京城门内之兵。”（据《文献通考》，其详可参看原书。）武帝时，增置中垒、屯骑、步兵、越骑、长水、胡骑、射声、虎贲八校尉，都属北军（八校尉，都见《汉书·百官公卿表》，《刑法志》：“至武帝平百粤，内增七校。”“晋灼曰：胡骑不常置，故此言七也。”）。又有期门、羽林，都属南军。《文献通考》引章氏说：“汉初南北军，亦自郡国更番调发来。何以言之？黄霸为京兆尹，坐发骑士诣北军，马不适士。劾乏军兴则知自郡国调上卫士，一岁一更，更代番上，初无定兵。自武帝置八校，则‘募兵’始此；置羽林、期门，则‘长从’，始此。”（按：期门是从六郡良家子孙里选出来的，见《汉书·东方朔传》。羽林兵，初名建章营，设于太初元年。后来又取从军死事的人的子孙，养在羽林，“教以五兵”，号曰“羽林孤儿”。见《百官公卿表》。）

前汉时，各郡都有都尉，帮着太守管理武事。王国里头，则相比郡守，中尉比都尉。这种制度，都是沿袭秦朝的。后汉光武帝建武六年，罢郡国都尉；七年，罢天下轻车、骑士、材官、楼船，只留着京师的南北军。然而后来郡国也往往复置

（北军里的八校尉，虎贲并入射声，胡骑并入长水，又省掉中垒校尉，所以号为北军五营。此外另有一支兵，驻扎在黎阳，谓之黎阳兵。又会扶风都尉带一支兵，驻扎在雍悬。护卫园陵，俗称为雍营）。

秦朝和西汉时代，有一种特色，就是“这时候，去古未远，人民尚武的性质还在，无论什么人，发出去都是强兵”（巴蜀等一两处地方是例外）。所以秦朝的用兵，不论骊山的役徒，闾左的百姓，都发出去战守；汉朝也有所谓“七科谪”（张晏曰：吏有罪一，亡命二，赘婿三，贾人四，故有市籍五，父母有市籍六，大父母有市籍七。见《汉书·武帝纪》）“弛刑”“罪人”“恶少年”“勇敢”“奔命”“伉健”……这都是未经训练的人。然而发出去，往往战胜攻取。将帅里头，也极多慷慨效命的人（譬如后汉的班超，又如前汉的李陵，以步卒绝漠，这是历史上只有这一次的事情）。有这种民气和民力，倘使真能利用，中国的国力实在可以扩张到无限。偏遇着秦始皇、汉武帝两个人，把民力、财力大半消耗在奢侈淫欲的一方面。秦始皇的用兵，已经很不经济，汉武帝更其专信几个椒房之亲，家无法度，以致总算起来，总是败北的时候多，胜利的时候少（细看《汉书·匈奴传》可见。伐大宛这一役，尤其是用兵不经济的确证。汉朝用兵，所以结局总获胜利，是由于这时候中国和外国的国力相差太远，并不是用兵的得法。这种用兵，结局虽获胜利，毕竟是以最大的劳费，得最小的效果的），就使胜利，也所得不偿所失。这种用兵，实在一无可取。中国大有可为的时代，就给这两个人弄糟了的。然而后世，反很多崇拜他们、原谅他们的人，可谓侥幸极了。

第五节　法律

从秦汉到魏晋，可以算作中国法律的“发达”“长成”时代。自秦以前，我国的法律究竟是个什么样子，实在无从考见其详细（《上古卷》第八章第六节所举。实在有许多儒家的学说，夹杂在里面，无从分别。但是全把儒者的学说辟掉，剩取了许多零碎的事实，也并不能考见其真相）。自秦以后，其“承袭”“变迁”的途径，才确有可考；其“进化的状况”，就可以窥知了。

秦朝的法律所以贻害天下，有两种道理：其一是由于它所用的“刑罚的野蛮”。《上古卷》第八章第六节，已经说过。《汉书·刑法志》说：

汉兴之初，虽有约法三章，网漏吞舟之鱼；然其大辟尚有“夷三族”之令。令曰：当三族者，皆先黥，劓，斩左右止，笞杀之，枭其首，菹其骨肉于市；其诽谤詈诅者，又先断舌；故谓之“具五刑”。彭越、韩信之属，皆受此诛。

到高后元年，才除掉“三族罪”“祆言令”。孝文二年，又除掉“收孥相坐律”，然而足为中国法律史上开一个新纪元的，实在要推公元前167年（**孝文帝——编者注：即汉文帝——十三年**）废除肉刑这一件事。《汉书·刑法志》记它的始末道：

齐太仓令淳于公有罪当刑，诏狱逮系长安。淳于公无男，有五女，当行会逮，骂其女曰：生子不生男，缓急非有益也。其少女缇萦，自伤悲泣，乃随其父至长安，上书曰：妾父为吏，齐中皆称其廉平；今坐法当刑，妾伤夫死者不可复生，刑者不可复属；虽后欲改过自新，其道亡繇也。妾愿没入为官婢，以赎父刑罪，使得自新。书奏天子，天子怜悲其意，遂下令曰：制诏御史：盖闻有虞氏之时，画衣冠异章服以为戮而民弗犯，何治之至也。今法有肉刑三（**孟康曰：黥，劓二；刖左右趾合一，凡三也**），而奸不止，其咎安在……《诗》曰：恺弟君子，民之父母；今人有过，教未施而刑已加焉；或欲改行为善，而道亡繇至，朕甚怜之。夫刑至断支体，刻肌肤，终身不息，何其刑之痛而不德也，岂称为民父母之意哉？其除肉刑，有以易之。

于是以“髡钳”代“黥”，“笞三百”代“劓”，“笞五百”代“斩止”。按《史记索隐》：“崔浩《汉律序》云：文帝除肉刑，而宫不易。张斐注云：以淫乱，易人族类，故不易也。”《文献通考·刑考二》马氏按语：“……景帝元年诏，言孝文帝除宫刑，出美人，重绝人之世也。则文帝并宫刑除之。至景帝中元年，赦徒作阳陵者死罪，欲腐者许之；而武帝时，李延年、司马迁、张安世兄贺，皆坐腐刑，则是因景帝中元年之后，宫刑复用，而以施之死罪之情轻者，不常用也。”愚按自高后时即除三族罪，而文帝时新垣平谋逆，也用过三族之诛（见《汉书·刑法志》）。大概是偶一为之之事。这时候，笞者多死，景帝时，又两次减少笞数（第一次减笞三百为二百，五百为三百；第二次再减笞二百为一百，三百为二百），并定“棰”的式样，当笞者“笞臀”（如淳曰：然则先时笞背也），毋得“更人”，自是“笞者得全”。其动机都发自缇萦，缇萦可以算得我国历史上一个纪念人物了。

其二，然而秦朝的害天下，实在又在其“用法的刻深”，汉宣帝时，路温舒上奏说道（见《汉书》本传）：

臣闻秦有十失，其一尚存，治狱之吏是也……今治狱吏……上下相殴，以刻为明；深者获公名，平者多后患；故治狱之吏，皆欲人死；非憎人也，自安之道，在人之死。是以死人之血，流离于市；被刑之徒，比肩而立；大辟之计，岁以万数……夫人情安则乐生，痛则思死；棰楚之下，何求而不得。故囚人不胜痛，则饰辞以视之；吏治者利其然，则指道以明之；上奏畏却，则锻练而周内之。盖奏当之成虽咎繇听之，犹以为死有余辜；何则，成练者众，文致之罪明也。是以狱吏专为深刻，残贼而亡极，偷为一切，不顾国患，此世之大贼也。故俗语曰：画地为狱议不入，刻木为吏期不对。此皆疾吏之风，悲痛之辞也。

这种情形，在当时司法界已成为风气。《汉书·刑法志》说：文帝时候“断狱四百，有刑错之风”。宣帝留意刑罚，特置廷平，又“常幸宣室，斋居而决事，狱刑号为平矣”。都只是救济一时，不是个根本解决的办法。

然则根本解决的办法何在呢？那就在于“删定律令”。汉朝的法律，是沿袭自秦的，秦朝所用的，却是李悝所定的六篇之法。汉初，萧何改为九篇，叔孙通又益以律所不及，为十八篇。后来张汤又加了二十七篇。赵禹加了六篇，共为六十篇。而又有汉朝的例案随时编集起来的，谓之《令甲》《令乙》……《决事比》，大概其初苦于法文太简，不够用，于是不得不随时增加；而其增加，绝没有条理系统，以致也有互相重复的，也有互相冲突的。司法的人，就大可上下其手。

《汉书·刑法志》说："律令凡三百五十九章；大辟四百九条，千八百八十二事；死罪决事比万三千四百七十二事；文书盈于几阁，典者不能遍睹。是以郡国承用者驳，或罪同而论异；奸吏因缘为市，所欲活则傅生议，所欲陷则予死比。"因为法律太杂乱，难于使用，于是解释的人很多，到后来就也都承认它可以引用。《晋书·刑法志》说："后人生意，各为章句。叔孙宣、郭令卿、马融、郑玄诸儒章句，十有余家，家数十万言。"再合起《正律》和《令甲》《决事比》来，就是"凡断罪所当由用者，合二万六千二百七十二条，七百七十三万二千二百余言"。简直是不可收拾了。

删定的必要，前汉时人就知道的，所以汉宣帝留心刑狱，而涿郡太守郑昌上疏，说这是一时的事，"若开后嗣，不若删定律令"。宣帝未及措置，到元帝、成帝手里，才下诏议行。班固说"有司……不能……建立明制，为一代之法；而徒钩摭微细，毛举数事，以塞诏而已"。所以到后汉时，还是错乱得那么样。直到魏文帝手里，命陈群、刘劭等删定，才定为新律十八篇（新增十三篇，旧有的六篇，废掉一篇）。晋武帝还嫌它"科网太密"，再命贾充等修定，共为二十篇，于公元268年（泰始四年）颁行。是为《晋律》。我国的法律，从李悝手里具有雏形，直到这时候，才算发达完备（参看《晋书·刑法志》）。

《晋律》现已不传，然据近人余杭章氏所研究，则其单辞只义，有很文明的，转非隋唐以后的法律所及。章氏说：隋唐以后的法律，是承袭北魏的，夹杂了鲜卑法在里头。他文集中有一篇文章论这事，可以参看。

第六节　学术

两汉的学问，从大概说起来，可以称为儒学时代。从儒学之中再分别起来，又可以分为今文时代和古文时代。

汉初是“黄老”“申韩”之学并行的。《史记·儒林列传》说：“……孝文帝本好刑名之言，及至孝景，不任儒者；而窦太后又好黄老之术。”大概当时的休养生息，是取黄老的主义；对待诸侯王等，则实系取申韩之术。到汉武帝，任用赵绾、王臧、田蚡、公孙弘等一班儒臣；又听董仲舒的话，“表章六艺”“罢黜百家”；于是战国时“百家之学并行”的现象，至此就“定于一尊”了。

儒家之学，所以独盛，近人都说因其明君臣之义，而且其立教偏于柔（《说文》训儒为柔），便于专制，所以世主扶翼它；我看这也不尽然。一、儒家之学，利于专制，是到后世才看出来的；当时的人，未必有此先见。二、无论什么学问，都是因其环境而变迁的。儒家之学，两千年来受专制君主的卵翼，在专制政体之下发达变迁，自然有许多便于专制的说法。西汉时代的儒学，确和后世不同；这点子便于专制之处，就别一家的学说，也是有的。假使当时别一家的学术受了专制君主的卵翼，在专制政体之下发达变迁，也未必不生出便于专制的说法来。况且到后世，反抗君主的议论，道源于儒家之学的很多，近世讲今文学的人就是一个好例。别一家的书，主张专制的话也还在，岂能一笔抹杀？若说法家的便于专制，显而易见，容易招人反抗；不如儒家之术，隐而难知，得“吾且柔之”之道。则全是用后世人的眼光议论古事，实在是陷于时代错误的。然则儒家之学，所以独受世主的尊崇，究竟是什么道理呢？我说这个在后世是全然出于因袭，并没有什么道理，儒家之学，在社会上势力已成，做君主的人，自然也不去动它。况且君主也是社会里的一个人，他的思想也未必能跳出社会以外。全社会的人，都把孔教当作“天经地义”，他如何会独想推翻孔教呢？至于汉武帝所以尊崇儒术，则和秦始皇说“吾悉召文学……士甚众，欲以兴太平”（《史记·秦始皇本纪》），是一个道理。原来一个人治天下，无论怎样凭恃武力，总不能全不讲教化。而讲教化，只有儒家之学最长（因为它“治具”最完备。《七略》说儒家之学，出于司徒之官，是不错的）。而且，汉武帝是个喜欢铺张场面的人，而巡守封禅……典礼，也只有儒家知道。秦始皇焚书坑儒，仍要留着博士之官（他出去封禅，也是教儒家议礼），也是这个道理。不必过于深求，反生误解的。

西京儒学的传授：最初，就是《史记·儒林列传》所说："言《诗》，于鲁则申培公，于齐则辕固生，于燕则韩太傅；言《尚书》，自济南伏生；言《礼》，自鲁高堂生；言《易》，自菑川田生；言《春秋》于齐鲁，自胡毋生，于赵，自董仲舒。"到后来，则分为十四博士。就是：

- 诗
  - 鲁
  - 齐
  - 韩
- 书
  - 欧阳
  - 大夏侯（胜）
  - 小夏侯（建）
- 礼
  - 大戴（德）
  - 小戴（圣）
- 易
  - 施（雠）
  - 孟（喜）
  - 梁丘（贺）
  - 京（房）
- 春秋
  - 公羊
    - 严（彭祖）
    - 颜（安乐）
  - 穀梁

以上十四家，都是元帝以前所立，《书》的欧阳、大小夏侯，同出伏生；《礼》的大小戴，同出后苍；《易》的施、孟、梁丘，同出田何；《公羊》严、颜二家，同出胡毋生；只有《诗》的鲁、齐、韩三家，没有公共的祖师；然而三家的说法，总是大同小异。

到平帝的时候，才另有一派学问。其源出于刘歆，歆移书博士说："……鲁共王坏孔子宅，欲以广其宫，而得'古文'于坏壁之中：'逸礼'有三十九，'书'十六篇，天汉之后，孔安国献之，遭巫蛊仓卒之难，未及施行。及《春秋左氏》，丘明所修，皆'古文旧书'。多者二十余通，藏于秘府。"于是别立《古文尚书》《逸礼》《左氏春秋》，又有毛公的《诗》"自谓子夏所传，而河间献王好之，未得立"（《汉书·艺文志》）。这一派为"古文之学"。

"今文"就是汉时通行的隶书。西汉诸经师，都是口耳相传；所传经文，就用当时通行的隶书书写。到刘歆等，才自谓能通史籀所造的"大篆"，和大篆以前的"古文"（参看《上古卷》第十章第二节）。所传的经，别有古文本为据。于是人家称这一派为"古文学"，就称西汉经师所传为"今文学"以别之。所以今文古文，是既有古文之学以后，对待的名词；古文未兴以前，"今文"两个字的名词，也是没有的。

东汉之世，古文之学，比今文为盛：卫宏、贾逵、马融、许慎，都是古文家的大师；而郑玄遍注群经，尤称为古学的

"集大成"（其实郑玄是兼用今文的，不过以古文为主）。三国时代，出了一个王肃，专和郑玄为难，伪造孔安国《尚书传》《论语》《孝经注》《孔子家语》《孔丛子》五部书，以互相引证。又有一个注《左传》的杜预，和他互相影响。于是古文之中，再分出郑、王两派，互相水火（古文家本没有师法可守，各个人是互异的，但不如此地互相水火）。遭晋永嘉之乱，两汉经学传授的统绪中绝，于是今文家的书，只传得《公》《穀》和《韩诗》，而并无传他的人；古文之学，也几乎中绝，而魏晋人一派的学问大行。现在所传的《十三经注》，除《孝经》为唐明皇《御注》外，只有《公羊》的何休《注》，还是西汉今文家言。其余《诗经》的《毛传》，是纯粹古文家言。郑《笺》虽兼采今文，然而既没有师法，就和他所注的《三礼》，和赵岐注的《孟子》，都只算得古文家言。此外《书经》的《伪孔传》、《易经》的王弼《注》、《穀梁》的范宁《集解》、《左传》的杜预《集解》、《论语》的何晏《集解》、《尔雅》的郭璞《注》，就都是魏晋人的著作。

咱们原不必有什么"薄今爱古"之见，就看了儒家之学和其余诸家，也是平等的，难道还一定要考出什么"今文家言"来，以见得"孔门口说"之真？然而这期间有一个很大的关系。生于现在，要考校古代的历史，不能不靠古人所传的书；而古人所传的书，也有个分别。大概其说法出于从古相传的多，则虽看似荒唐，而实极可靠，把后人的意思掺杂进去多的，骤看似乎可信，其实仔细考校，总和古代社会情形不合。从这一点看起来，却是西汉今文家的话，价值最大；东汉古文家次之；魏晋时代的人，价值最小了。百家所传的书，只有儒家最多。咱们现在，要考校古史，其势不得不借重于儒家的经，要借助于儒家的经，其势不得不借重于汉以后经师之说，要借重于汉以后诸经师之说，就对于汉朝的今古文，和魏晋人所造的伪书，不能不加以分别。本书里头，论到学术派别、书籍真伪的地方很多，都是用这种"分别史材"的眼光看的。

汉朝人还有别种学问，并入别一卷里讲，以便有个条理系统，免得琐碎。

第九章 后汉的灭亡和三国

第一节 后汉的乱源

两汉时代，总算是中国统一盛强的时代；两汉以后，便要暂入于分裂衰弱的命运了。这个分裂衰弱的原因也甚多，追溯起来，第一件便要说到“后汉时代的羌乱”。

羌族的起源和分布，已见《上古卷》第六章第四节和本书第四章第二节。这一族分布的地方，是很广的。现在专讲后汉时在中国为患的一支，《后汉书·西羌传》说：

> 羌无弋爰剑者：秦厉公时，为秦所拘执，以为奴隶……后得亡归，而秦人追之急，藏于岩穴中，得免。羌人云：爰

剑初藏穴中，秦人焚之，有景象如虎，为其蔽火，得以不死。既出，又与劓女遇于野，遂成夫妇。女耻其状，被发覆面，羌人因以为俗，遂俱亡入三河间（《注》："黄河湟水赐支河也。"按：赐支就是析支，就是河曲之地，不能另算作一条河。所以《注》引《续汉书》作"河湟之间"）。诸羌见爰剑被焚不死，怪其神，共畏事之，推以为豪。河湟间少五谷，多禽兽，以射猎为事，爰剑教之田畜，遂见尊信，庐落种人依之者日益众。羌人谓奴为无弋，以爰剑尝为奴隶，故因名之。其后世世为豪。

至爰剑曾孙忍时，秦献公初立，欲复穆公之迹，兵临渭首，灭狄獂戎，忍季父卬，畏秦之威，将其种人附落而南，出赐支河曲西数千里；与众羌绝远，不复交通。其后子孙分别，各自为种，任随所之：或为牦牛种，越巂羌是也（如今四川的西昌县——编者注：今为西昌市）；或为白马种，广汉羌是也（如今四川的广汉县——编者注：今为广汉市）；或为参狼种，武都羌是也（如今甘肃的武都县——编者注：今为陇南市武都区）。忍及弟舞独留湟中，并多娶妻妇；忍生九子为九种，舞生十七子为十七种，羌之兴盛，从此起矣。

《后汉书》说越巂、广汉、武都诸羌，都是爰剑之后，这句话恐未必十分可信。但因这一段文字，可以证明两汉时代，为中国患的羌人确是居湟中这一支。湟中是个肥沃的地方，爰剑又是个从中国逃出去的，他的文明程度，总得比塞外的羌人高些，看“教之田畜，遂见尊信”八个字，就可以明白。

这一支羌人的根据地，是从河湟蔓延向西南，包括青海和黄河上游流域。他的文明程度颇低，而体格极其强悍（《后汉书》说他“堪耐寒苦，同之禽兽”）；而且好斗。部落分离，不能组织大群；又好自相攻伐，要到一致对外的时候，才“解仇诅盟”；事情一过，就又互相攻伐了，这也是羌人的一个特色（这个是因为他所处的地方都是山险，没有广大的平原。羌人在历史上，始终不能组织一个强大的国家，做出大一点的事业，也是为此）。

汉朝和羌人的交涉，起于武帝时，这时候，匈奴还据着河西（参看本书第四章第一节），和羌人所据的湟中，只隔着一支祁连山脉；武帝防其互相交通，派兵击破羌人，置个护羌校尉统领他。羌人就弃了湟水，西依西海（青海）盐池（在青海西南）。王莽时，羌人献西海之地，王莽用来置了一个西海郡，莽末内乱，羌人就乘此侵入中国。后汉时羌人一支占据河北大允谷和大小榆中一带（在如今平番、导河一带——编者注：平番即今甘肃的永登县，导河即今甘肃的临夏县），颇为边患，和帝时，才把其打破，重置了西海郡；而且夹着黄河，开列屯田。从此从大小榆谷到西海，无复羌寇。然而降羌散布郡县的很多（在安定、北地、上郡的，谓之东羌。在陇西、汉阳、金城的，谓之西羌）。中国的吏民豪右，都不免“侵役”他。公元107年，罢西域都护和校尉，发羌人去迎接他。羌人颇有逃散的。郡县到处“邀截”，又不免骚扰。于是各处羌众，同时惊溃。“东寇三辅，南略益州”。凉州的守令，都是内地人，见羌势已盛，无心战守，都把郡县迁徙到内地来。百姓有不愿意迁徙的，就强迫“发遣”，死亡流离，也不知多少。直到公元118年，才把三辅肃清，凉州还没有平定，而军费已用掉二百四十亿。到顺帝时，凉州也算平定了，才把内徙的州县，依旧回复。不多时，羌人又叛。用兵十余年，又花掉八十多亿的军费。到桓帝即位，才用段颎做校尉，去讨叛羌，这个段颎，是以杀戮为主义的。他说：“昔先零作寇，赵充国徙令居内，煎当乱边，马援迁之三辅。始服终叛，至今为鲠……犹种枳棘于良田，养虺蛇于室内也……臣欲绝其本根，不使能殖。”于是从公元159年起，至公元169年止，用兵凡十一年，把西羌直追到河首积石山，东羌蹙到西县（如今甘肃的秦安县）山中，差不多全行杀尽。这历年的羌乱，才算靠兵力镇定（羌乱的详细，可参看《后汉书》本传，和任尚、虞诩、段颎、皇甫规、张奂等传）。

后汉的羌人，并不算什么大敌，他的人数，究竟也并不算多，然而乱事的蔓延，军费的浩大，至于如此，就可见得当时军力的衰弱、政治的腐败（这件事情，和清朝川楚教匪之乱极其相像。军费自然十之七八，都是用在不正当的方面的）。却是：一、凉州一隅，因此而兵力独厚；二、其人民流离迁徙之后，无以为生，也都养成一个好乱的性质，就替国家种下一个乱源。

政治腐败，它的影响，绝不会但及于凉州一隅的。咱们现在，要晓得后汉时代社会的情形，且引几段后汉人的著述来看看。

今察洛阳，浮末者，什于农夫；虚伪游手者，什于末业。是则一夫耕，百人食之；一妇桑，百人衣之。以一奉百，孰能供之。天下百郡千县，市邑万数，类皆如此；本末何足相供，则民安得不饥寒。（《潜夫论·浮侈篇》）

王侯贵戚豪富……举骄奢以作淫侈，高负千万，不肯偿责；小民守门号哭啼呼，曾无怵惕慚怍哀矜之意。（同上，《断讼篇》）

使饿狼守庖厨，饥虎牧牢豚，遂至熬天下之脂膏，斫生人之骨髓……豪人之室，连栋数百，膏田满野，奴婢千群，徒附万计，船车贾贩，周于四方，废居积贮，满于都城，琦赂宝货，巨室不能容，马牛羊豕，山谷不能受，妖童美妾，填乎绮室，倡讴伎乐，列乎深堂。（《昌言·理乱篇》）

井田之变，豪人货殖，馆舍布于州郡，田亩连于方国……财赂自营，犯法不坐，刺客死士，为之投命。至使弱力少智之子，被穿帷败，寄死不敛，冤枉穷困不敢自理。（同上，《损益篇》）

这种情形，说来真令人“刿心怵目”。却是为什么弄到如此？这是由于汉朝时候的社会，本不及后世的平等。它的原因是：一、政治上阶级的不平等；二、经济上分配的不平等。这个要参看本书第十五章第五节和第七节才得明白。这种不平等的社会，倘使政治清明，也还可以敷衍目前，为“非根本的救济”；却是后汉时代，掌握政柄的不是宦官就是外戚，外戚是纨绔子弟，是些无知无识的人，宦官更不必说。他们既执掌政权，所用的自然都是他们一流人，这一班人布满天下，政治自然没有清明的希望。要晓得黑暗的政治，总是拣着地方上愚弱的人欺的，总是和地方上强有力的人互相结托的。所以中央的政治一不清明，各处郡县都遍布了贪墨的官；各处的土豪，就都得法起来。那么，真不啻布百万虎狼于民间了（灵帝开西邸卖官，刺史守令，各有价目，尤其是直接败坏吏治的一件事情）。

所以张角一呼，而青、徐、幽、冀、荆、扬、兖、豫八州的人同时响应。张角是钜鹿人，他自创“太平道”。分遣弟子“诳诱四方”，十余年间，众至数十万，他把这些人分作许多“方”（大方万余人，小者数千），暗约公元184年（灵帝中平元年）三月五日同时起事。还没有到期，给自己同党的人告发了，张角就“驰敕诸方，一时俱起”。中外大震。这种初起的草寇，论兵力，究竟是不济事的。灵帝派皇甫嵩、朱儁等去讨伐，总算不多时就戡定了。然而从此之后，到处“寇盗”蜂起，都以“黄巾”为号（张角的兵，都是把黄布包着头的，所以人家称其为黄巾）。郡县竟不能镇定。因为到处“寇盗”蜂起，把州刺史改作州牧，于是外权大重，就成为分裂的直接原因（参看本书第八章第一节、第十五章第一节）。

第二节 汉末的割据和三国的兴亡

“山雨欲来风满楼”，分裂的机会成熟了，却仍等待着积久为患的宦官外戚做个导火线。

灵帝是个最尊信宦官的。他因为数失皇子，何皇后的儿子辩，养于道人史子助家，号为史侯。王美人的儿子协，灵帝的太后董氏自行抚养，号为董侯。灵帝想立董侯，没有办到，公元189年，灵帝病重了，把董侯属托宦者蹇硕，叫蹇硕立他。这时候，何皇后的兄弟进，做了大将军，兵权在手。蹇硕想诱他入朝，把他杀掉，然后拥立董侯。何进明知他的阴谋，拥兵不朝。蹇硕不敢动。于是史侯即位，是为废帝。

这时候，外戚、宦官，依旧是势不两立。然而何氏出身低微，何太后的立，颇得些宦官的力。以是，何氏对于宦官有些碍难下手。何进虽然杀掉蹇硕，又逼死董太后，杀掉董太后的哥哥董重；然而要尽诛宦官，何太后就要从中阻挠他。何进手下袁绍等一班人，因而劝何进召外兵以胁太后。

宦官知道事情危险了，就把何进诱入宫，杀掉。袁绍等乘势攻宦官，尽杀之。凉州将董卓，驻兵在河东。听得何进召外兵的命令，即日进兵。这时候刚刚到京。于是拥兵入京城，把废帝废掉了，拥立董侯，是为献帝。

京城里的大权，霎时间落入“凉州军阀”之手。袁绍等一班人，自然是不服的。于是袁绍逃回山东，起兵“讨卓”。诸州郡纷纷应之。董卓就把天子迁徙到长安（近着凉州老家）。“讨卓”的兵，本来不过“各据地盘”，没有“讨卓”的诚意，自然是迁延敷衍，毫无成功。

然而“凉州系”却又内乱起来了，公元192年，司徒王允和中郎将吕布，合谋杀掉董卓。董卓手下的将官李傕、郭汜，起兵攻陷京城，杀掉王允。吕布逃到山东。李傕、郭汜又自相攻伐。傕劫天子，汜留公卿为质。直到公元196年，凉州将张济从东方来，替他们和解，才算罢兵言和。献帝趁这机会，便想逃归洛阳。李傕、郭汜起初答应了，后来又追悔，合兵来追。献帝靠群盗李乐等帮忙，总算逃脱。然而群盗又专起权来，外戚董承等没法，只得召兖州的曹操入卫。曹操既至，以洛阳残破，挟着献帝迁都许昌（如今河南的许昌市）。从此以后，大权都在曹操手里，献帝“守府而已”。

这时候，州牧郡守，纷纷割据。就有：

袁绍　据幽、并、青、冀四州

刘备　据徐州

刘表　据荆州

刘焉　据益州

袁术　据寿春（如今安徽的寿县）

马腾、韩遂　割据凉州

后汉时代，是颇重门阀的（参看本书第十五章第七节）。袁绍是“四世三公”，所据的地方又广大，所以势力最强。却是曹操“挟天子以令诸侯”，所假借的名义，也比众不同。

“凉州系”在当时是个扰乱天下的罪魁。然而其中并没有雄才大略的人，李傕、郭汜、张济，不久都无形消灭了。只有吕布，却是个骁将。袁术攻刘备，吕布乘势夺取徐州。刘备弄得无家可归，只得投奔曹操。这刘备也是个英雄，曹操便利用他去攻吕布。曹操表刘备做豫州牧，借兵给他。公元198年，和他合力攻杀吕布。这时候，袁术因为措置乖方，在寿春不能立足，想要投奔袁绍。曹操顺便叫刘备击破他。袁术只得折回，死在寿春。然而刘备也不是安分的人，就和董承合谋，想推翻曹操，却又自己出屯小沛。事情被发觉了，曹操杀掉董承，打破刘备。刘备也投奔袁绍，于是青、徐、兖、豫四州略定。

袁、曹冲突的时机到了。公元200年，战于官渡（在如今河南中牟县的北边），袁绍大败，惭愤而死。儿子袁谭、袁尚争立。公元206年，曹操全定河北（袁谭为曹操所杀。袁尚逃到乌桓又给曹操打败，再逃到辽东，辽东太守公孙康把他杀掉）。公元208年，便南攻荆州。刘表刚好死掉，他的小儿子刘琮把荆州投降曹操。

这时候，刘备也在荆州。他和曹操是不能相容的，逃往江陵。曹操派轻骑追他，一天一夜走三百里，到当阳长坂（如今湖北的当阳县——编者注：今为当阳市），追到了。刘备兵败，再逃到夏口，靠刘表的大儿子刘琦。

这时候的刘备，可算得势穷力尽了，却有一支救兵到来。当东诸侯起兵“讨卓”的时候，长沙太守孙坚也起兵而北。董卓西迁之后，孙坚便收复洛阳。后来和袁术结连去攻刘表，给荆州军射杀。坚兄子贲，收集残部，投奔袁术。孙策虽然年少，倒也是个英雄。看看袁术不成个气候，便想独树一帜。于是请于袁术，得了父亲旧时的部曲，南定扬州。公元200年，孙策死了，他的兄弟孙权代领其众。刘备手下的诸葛亮，便想一条计策，自己到江东去求救。

这时候的江东，论起兵力来，万万敌不过曹操。然而，（一）北军不善水战；（二）荆州军又非心服；（三）加以远来疲敝，又有疾疫，却也是曹操兵事上的弱点。孙权是个野心勃勃的人，手下周瑜、鲁肃等也有一部分主战的，于是派周瑜带水军三万，和刘备合力抵御曹操。大破曹操的兵于赤壁（如今湖北嘉鱼县的赤壁山）。于是曹操北还，刘备乘胜攻下如今湖南省的地方。明年，周瑜又攻破江陵。三分鼎足之势，渐渐地有些成立了（俗传"借荆州"一语，说荆州是孙权借给刘备的。这句话毫无根据。请看赵翼《廿二史札记》）。

赤壁战后，曹操一时也不想南下，而西方的交涉又起。原来凉州地方，本有个马腾、韩遂割据。李傕、郭汜等灭后，曹操虽然收复关中，派钟繇镇守，却还没顾得到凉州。公元211年，曹操征马腾做卫尉。马腾的儿子马超，疑心曹操要害他，就和韩遂举兵造反。凉州的兵势，十分精锐。钟繇抵敌不住，只得弃长安而走。马超、韩遂直打到潼关。曹操自将去抵御他，用离间之策，叫他两个分心，到底把他打败了。明年，曹操就杀掉马腾。马超知道了，举兵又反，却给杨阜等起兵打败。马超就逃奔汉中。

这时候的汉中，是谁据着呢？先前巴郡有个张修，创立五斗米道（参照本书第十五章第六节）。沛县的张鲁信奉他，张修死后，张鲁就俨然做了教主，很有信奉他的人。益州牧刘焉，便叫他保守汉中。刘焉死后，儿子刘璋颇为暗弱。张鲁就有吞并益州之志。刘璋急了，因为刘备素有英雄之名，就想招他入川，借他防御张鲁。

刘备闻命，真是“得其所哉”，即便带兵入川。不多时，就借端和刘璋翻脸，把西川夺去，这是公元214年的事。公元215年，曹操平定张鲁，取了汉中。公元216年，刘备又把汉中夺去。这一年八月里，又命关羽从荆州进兵攻取襄阳。这时候的刘备，对于曹操竟取了攻势了。

曹操取汉中这一年，孙权因刘备入川，也颇想乘虚夺取荆州。刘备这时候，正想争取汉中，知道两面开衅是不行的，便和孙权妥协，把荆州地方平分，备使关羽守江陵，权使鲁肃屯陆口（如今湖北的蒲圻县——编者注：一说为今湖北嘉鱼县。这时候周瑜已经死了）。到关羽进攻北方的时候，孙权又把吕蒙调回，换了个“未有重名，非羽所忌”的陆逊。关羽果然看轻他，把江陵守兵尽数调赴前敌，后路空虚。吕蒙便乘势发兵，袭取江陵。这时候，关羽前敌的攻势也已经给曹操发大兵堵住，弄得进退无路，只得退军，给孙权伏兵捉住，杀掉。西蜀进取之势，受了一个大打击。

公元220年，曹操死了。儿子曹丕嗣为魏王，便把汉献帝废掉，自立，是为魏文帝。明年，蜀汉先主刘备也称帝于成都。

公元222年，孙权也在建业（如今江苏的江宁县——编者注：今为南京市江宁区，东晋时因为避愍帝的讳改名建康）称帝，是为吴大帝。后汉就此分作三国。

关羽的败亡，是蜀汉一个致命伤。当时东吴的无端开衅，却也是有伤信义的（这种毫无借口的开衅，在历史上也很为少见）。所以先主称帝之后，就首先自将伐吴，却又在猇亭（在如今湖北宜都县西边），给陆逊杀得大败亏输。又羞又气，死了。诸葛亮受遗诏辅政，东和东吴，西南定益州（汉郡，治滇池，如今云南的昆明县——编者注：今为昆明市），屡次出兵伐魏，公元234年，死了。蜀汉就此不振［诸葛亮是中国一个大政治家，本书限于篇幅，不能详细介绍他。广智书局《中国六大政治家》里有他的传，颇可看的。诸葛亮出兵伐魏，第一次在公元227年。这一次魏人不意蜀国出兵，很为张皇失措。天水、南安、安定三郡，都叛应亮，兵势大振。时魏明帝初立，亲幸长安，派张郃去抵御他。诸葛亮派马谡当前锋。这张郃是魏国的宿将，马谡虽有才略，大约军事上的经验不及他，给张郃在街亭（如今甘肃的秦安县）打败。诸葛亮只得退回汉中。这一年十二月里，诸葛亮再出散关（在如今陕西宝鸡县——编者注：今为宝鸡市——西边）围陈仓（在宝鸡的东边），不克而退。明年春，再出兵攻破武都（如今甘肃的成县），阴平（如今甘肃的文县）。公元231年，魏曹真伐蜀。攻汉中，不克。明年，诸葛亮伐魏。围祁山（在武都西北），魏司马懿来救。诸葛亮因粮尽退回。张郃来追，给诸葛亮杀掉。公元234年，诸葛亮再出兵伐魏。进兵五丈原（在如今陕西郿县——编者注：今作“眉县”），分兵屯田，为久驻之计。这年八月里，就病死了。诸葛亮的练兵和用兵，都很有规矩法度；和不讲兵法、专恃诡计、侥幸取胜的，大不相同。《三国志》《晋书》，都把他战胜攻取的事情抹杀，这是晋朝人说话如此。只要看他用兵的地理，是步步进逼，就可以知道他实在是胜利的了］。

诸葛亮死后五年，魏明帝也死了。养子芳年纪还小。明帝死时，本想叫武帝的儿子燕王宇辅政。中书监刘放、中书令孙资，趁他昏乱时候，硬劝他用曹爽和司马懿。明帝听了他，于是曹爽、司马懿同受遗诏辅政。其初大权尽在曹爽手里，司马懿诈病不出。公元249年，曹爽从魏废帝出去谒陵。不知道怎样，司马懿忽然勒兵关起城门来，矫太后的命令，罪状曹爽。曹爽没法，只得屈服了。其结果，就给司马懿所杀。于是大权尽入于司马懿之手。这件事的真相是无从考见的，然而有可注意的，曹爽所共的一班人，都是当时的名士，司马懿却是个军阀［曹爽和司马懿相持凡十年。曹爽是曹真的儿子，在魏朝总算是个宗室。朝廷上又有一班名士拥护他（用如今的话说起来，可以说他是名流系的首领）。起初司马懿不能与争，大概是这个缘故。曹爽专政之后，把太后郭氏迁徙到永宁宫，和他的兄弟曹羲，都带了禁兵（这时候，表面上把司马懿尊作太傅，暗中却夺去他的权柄。司马懿就称病不出）。后来司马懿推翻他，就是趁他兄弟都出城，夺了他的禁兵，表面上却用太后出头。这样，我们推想起司马懿的行为来，大约是“交通宫禁”“勾结军队”。其详情却就无可考较了。现在历史上所传的话，都是一面之词，信不得的］。曹爽死后，司马懿、司马师、司马昭，父子弟兄，相继秉政，削平异己（当时魏国的军人，都是司马懿一系。只有扬州的兵反抗他。公元251年，扬州都督王凌，公元255年，扬州都督毌丘俭，公元257年，扬州都督诸葛诞，三次起兵，都给司马氏平定）。司马师先废曹芳而立曹髦；司马昭又弑曹髦而立曹奂；到司马炎，就自己做起皇帝来了（公元265年）。

蜀自诸葛亮死后，蒋琬、费祎相继秉政。费祎死后，后主才亲理万机，信任宦官黄皓，颇为昏暗。蒋琬、费祎的时代不大主张用兵。费祎死后，姜维执掌兵权，连年出兵北伐，毫无效果；而百姓疲弊，颇多怨恨。公元263年，司马昭叫钟会、邓艾两道伐蜀。会取汉中，姜维守住剑阁（如今四川的广元县——编者注：今为广元市），会不得进。而邓艾从阴平直下绵竹（就是从甘肃文县，出四川平武县的左担山，向绵竹的一条路），猝攻成都，后主禅出降。蜀汉就此灭亡。于是晋国派羊祜镇襄阳，王濬据益州以图吴（羊祜死后，杜预代他）。

吴自大帝死后，少子亮立。诸葛恪辅政，给孙峻所杀。于是峻自为大将军。峻死后，弟綝继之，废亮而立景帝休。景帝把孙綝杀掉，然而也无甚作为。景帝死后，儿子皓立，很为淫虐。吴当诸葛恪秉政时，曾一次出兵伐魏。诸葛恪死后，忙着内乱，就没有工夫顾到北方。靠着一个陆抗，守着荆州，以抵御西北两面。陆抗死后，吴国就没有人才了（公元274年）。公元280年，王濬、杜预从益、荆两州顺流而下。王濬的兵先到，孙皓出降。吴国也就灭亡。

三国时代，是我国南北对抗之始。这时代特可注意的是江域的渐次发达。前此江南的都会，只有一个吴。江北的广陵（如今江苏的江都县）却是很著名的。我们可以设想，产业和文化的重心还在长江的北岸。自从孙吴以建业为国都（孙吴建国，北不得淮域。濡须水一带，是兵争的要地。定都建业，既可扼江为险，又便于控制这一带地方），建业后来又做了东晋和宋、齐、梁、陈四朝建都之所。东晋以后，南方文化的兴盛，固由于北方受别族之蹂躏，衣冠之族避难南奔；然而三国时代的孙吴，业已人才济济。这也可见南方自趋于发达的机运，不尽借北方的扰乱为文化发达的外在条件了。又益州这地方，从古以来，只以富饶著名，在兵争上，是无甚关系的。却是到三国时代，正因为它地方富饶，就给想“占据地盘”的人注目（刘备初见诸葛亮的时候，诸葛亮劝他占据荆、益二州，说“天下有变：则命一上将，将荆州之军，以向宛洛；将军身率益州之众，出于秦川”。前者就是关羽攻魏的一条路。关羽既败，诸葛亮屡次伐魏，就只剩得后者一条路了。论用兵形势，自然是出宛洛，容易震动中原。所以我说荆州之失，是蜀汉的致命伤。然而刘备、诸葛亮，当日必定要注重益州。则“荆土荒残，人物凋敝”两句话，就是它主要的原因。这个全然是富力上的问题）。而向来不以战斗著名的蜀人，受诸葛亮一番训练，居然成了“节制之师”。从此以后，蜀在大局上的关系也更形重要了。

当时还有一个占据辽东的公孙度，传子公孙渊，于公元239年，为司马懿所灭。其事情，和中原无甚关系。与高丽有关系处，详见本书第十五章第六节。

三国系图

魏武帝曹操 ┬（一）文帝曹丕 ┬（二）明帝叡 —（三）齐王芳
　　　　　│　　　　　　　└ 霖 ——（四）高贵乡公髦
　　　　　└ 燕王宇 ——（五）陈留王奂

（一）蜀汉先主（昭烈帝）刘备 —（二）后主禅

（一）吴大帝孙权 ┬ 和 ——（四）皓
　　　　　　　　├（二）废帝亮
　　　　　　　　└（三）景帝休

第十章　两晋和五胡

第一节　晋初诸族的形势

从公元189年，董卓入据都城，擅行废立，山东州郡纷纷起兵讨卓之后，天下就此分裂，直到公元280年晋武帝平吴，天下才算统一，其间凡九十二年。却是晋武平吴之后，不及二十年，天下又乱起来了。致乱的原因，固然有许多，却是最大的有两端：其一，是晋武帝的厉行封建制。其二，是当时散布塞内外的民族太多，没有好法子统驭它。前者是“八王之乱”的原因，后者就是“五胡之乱”的原因。如今且把五胡的形势，叙述于下：

一、匈奴，羯。羯是匈奴的别种，居于上党郡武乡县羯室（如今山西的榆社县），匈奴从呼韩邪降汉以后，其部众入居并州，已见本书第七章第二节。呼韩邪单于二十一传而至呼厨泉，因先世是“汉甥”，便改姓刘氏。魏武帝因为他部众强盛，把他留之于邺，而分其部众为五，每部设立部帅，又选汉人做他部里的司马，以监督他。五部中左部最强，呼厨泉哥哥的儿子豹，做它的部帅；晋武帝又把它分作两部。虽然如此严密监督，他的部落总是日渐繁盛的。于是平阳、西河、太原、新兴诸郡，都布满了匈奴。

二、鲜卑。东胡的起源，已见《上古卷》第六章第二节和本书第四章第二节。从东胡给冒顿打破后，其众分为两支：南边一支叫乌桓，汉武帝招它保守上谷、渔阳、右北平、辽东、辽西五郡塞外。鲜卑更在其北方。

后汉时，匈奴灭亡后，鲜卑北据其地。当后汉末年，鲜卑出了两个著名的酋长（檀石槐、轲比能）。檀石槐时，其疆域北接丁令，西抵乌孙，东界夫余（参看本书第十三章第六节），几于不减匈奴之盛。可惜团结力不固，檀石槐、轲比能死后，就又分裂了（参看《后汉书》《三国志》本传）。然而它的部落，分布极广，东边从辽东起，西边到并凉塞外为止，没一处不有鲜卑。

乌桓当后汉末年，曾经和袁绍相结托。袁氏败亡以后，袁尚和袁熙就奔依乌桓。魏武帝用田畴做向导，出卢龙塞，掩击乌桓于柳城（在如今热河道的凌源县——编者注：今为辽宁凌源市），大破之，降斩二十余万，迁其余众于中国。从此以后，“乌桓”两个字就不见于历史上了［仅《新唐书》的四裔传，载有一极小部落，不足齿数。柳城一战，决不能把乌桓灭掉，大约余众都并入鲜卑。因为“鲜卑”二字本是这一族的本名（见《上古卷》第六章第二节）。本节参看《后汉书·乌桓鲜卑列传》《三国志·田畴传》］。

三、氐，羌。羌人当后汉时候，虽然大被杀戮，然而它的繁殖力颇大。晋初，冯翊、北地、新平、安定诸郡，又都给它布满。氐人本在巴中的，张鲁时代，因敬信鬼道，才迁入汉中。魏武帝克汉中，迁氐人于北方。于是扶风、始平、京兆诸郡，莫不有氐。

当时郭钦、江统等一班人，都创“徙戎之论”，要把它徙之塞外（参看《晋书》本传）。然而把戎狄置诸塞外，自以为安，其实是最危险的事。为什么呢？因为这是中国管辖所不及，为强为弱，都不能去问它的信。这种部落里，要是出了一个英雄，“并兼”“胁服”，便成了一个强大的部族，要为边患了。历代北族的起源，都是如此（参看后文辽、金、元、清初起的事迹，自明）。所以“徙戎之论”，不过是条姑息之策。但是这些民族，杂居在内地，是要有法子抚绥它、驾驭它，慢慢和它同化的。让一步说，也要政治清明，兵力强盛，叫它不至于生心。晋初既毫无抚绥制驭的政策，又有“八王之乱”授之以隙（汉族自然同化的力量虽大，一时间也不及奏效），就酿成五胡之乱了。

第二节　八王之乱

魏朝待宗室是最薄的。同姓诸王，名为有土之君，其实同幽囚无异。所以司马氏倾覆魏朝很是容易。晋武帝有鉴于此，于是大封宗室，诸王皆得“选吏”“置军”，而且“入典机衡，出作岳牧”，倚任之重，又过于汉朝。这个要算“封建制度第二次反动力”了，然而也终于失败。

晋朝的景皇和文皇是弟兄相及的。武帝的母弟齐王攸，大约也有这种希望。当时朝廷上，也很有一班齐王的党羽，说太子（惠帝）不好，劝武帝立齐王。却是武帝的权力大，毕竟把齐王逼得出去就国，齐王就此忧愤而死。这也算得晋初“继嗣之争”的一个暗潮［参看《晋书》齐王本传，惠帝固然是昏愚的，然而《晋书》上形容他的话，也未必尽实。譬如说惠帝听蛙鸣，便问这个是“官乎私乎”。荒年，百姓穷得没有饭吃，人家告诉他。他说“何不食肉糜”，这个是傻子无疑了。然而荡阴之战（见下）嵇绍以身护卫他，被杀，血染帝衣，左右要替他洗去，他说“稽侍中血，勿浣也”。智愚就判若两人。可见惠帝昏愚之说，一半是齐王之党所造的谣言］。武帝死后，太子即位，是为惠帝（公元290年）。

宗室之间既然起了暗潮，自然要借重外戚。武帝有两个杨后。前杨后，就是生惠帝的，临终时候，因为惠帝“不慧”，怕武帝另立了皇后，要废掉他，于是“泣言”于武帝，要立自己从父骏的女儿做皇后。武帝听了她，这便是后杨后。惠帝是个极无能为的人，既立之后，杨骏辅政，他的威权自然是很大的了。却是又有人想推翻他。惠帝的皇后是贾充的女儿（贾充是司马氏的死党。司马氏的篡弑，和贾充很有关系的。可参看他本传），深沉有智数，见惠帝无能，也想专制朝政，却为杨骏所扼，于是想到利用宗室。

公元291年，贾后和楚王玮（武帝第五子）、东安公繇（宣王孙）合谋，诬杨骏谋反，把他杀掉。废太后，幽之金墉城（在洛阳西北）。以汝南王亮（宣帝第四子）为太宰，和太保卫瓘同听政。汝南王和卫瓘要免掉楚王的兵权。贾后和楚王合谋杀掉汝南王，把东安公繇也迁徙到带方（在如今朝鲜的黄海道），旋又借此为名把楚王杀掉。公元292年，贾后弑杨太后。太子遹不是贾后所生，公元299年，贾后把他废掉，徙之金墉城，明年，又把他囚在许昌。这时候，赵王伦（宣帝第九子）掌卫兵，想要推翻贾后，就故意散放谣言说：殿中兵士想要废掉皇后，迎还太子。贾后急了。公元300年把太子杀掉。赵王就趁此起兵，杀掉贾后，公元301年，就废惠帝而自立。

这时候，齐王冏（攸的儿子）镇许昌，成都王颖（武帝第十六子）镇邺，河间王颙（宣帝弟，安平王孚的孙）镇关中，同时起兵讨赵王。左卫将军王舆起兵杀掉赵王，迎惠帝复位。成都王、河间王都还镇，齐王入洛阳。河间王忌他，叫长沙王乂（武帝第六子）攻杀齐王（公元302年）。明年，河间王和成都王又合兵攻乂，不克。公元304年，东海公越（宣帝弟，高密王泰之子）执乂以迎颙将张方，张方把乂杀掉。成都王颖入洛阳，不多时，又回邺，留部将石超守洛阳。东海公旋又攻超，超奔邺。于是东海王（越进爵）奉着惠帝，号召四方，以攻成都王。成都王遣石超拒战，惠帝大败于荡阴（如今河南的汤阴县），给成都王掳去，置之于邺。东海王逃回本国。这时候的成都王，要算得志得意满了。却是幽州都督王浚和并州刺史东嬴公腾（越的弟），又起兵讨他。石超拒战，大败。成都王只得挟着惠帝南奔洛阳。时洛阳已为张方所据。于是张方再挟着惠帝和成都王走长安。

公元305年，东海王越再合幽、并二州的兵，西迎惠帝。河间王颙派成都王颖据洛阳拒敌，大败。河间王把事情都推在张方身上，把他杀掉，叫人到东海王处求和。东海王不听，直西入关，挟着惠帝还洛阳，河间王逃到太白山，给南阳王模（高密王泰的儿子）杀掉。成都王走到新野，给范阳王虓（宣帝弟，范阳王康的儿子）捉到，杀掉。惠帝东归之后，为东海王所弑，而立怀帝。

晋系图

- 宣帝司马懿
  - 景帝师
  - 文帝昭 —（一）武帝炎
    - （二）惠帝衷
    - （三）怀帝炽
    - 吴王晏 —（四）愍帝邺
  - 琅邪王伷 — 觐
    - （五）元帝睿
      - （六）明帝绍
        - （七）成帝衍
          - （十一）海西公奕
          - （十）哀帝丕
        - （八）康帝岳 —（九）穆帝聃
      - （十二）简文帝昱 —（十三）孝武帝曜
        - （十四）安帝德宗
        - （十五）恭帝德文

第三节　西晋的灭亡

五胡乱华的事情，咱们得把它分作四个时代，便是：

第一，前赵强盛时代；

第二，后赵强盛时代；

第三，前秦强盛时代；

第四，后燕、后秦对立时代。

前赵就是匈奴。五胡之中，匈奴、鲜卑为大。而鲜卑根据地在塞外，匈奴在塞内，所以匈奴先兴起。

刘豹的儿子名字唤作渊，本在洛阳做侍子（从汉以后，外国王子到中国来做质子的，美其名曰“侍子”）。惠帝元年，才用他做五部大都督（但是人仍旧在洛阳）。成都王颖用事，又叫他监五部军事，也留之于邺。刘渊屡请还河东，成都王不许。到幽并兵起，刘渊乘机说成都王，要回河东去，合五部之众，来帮他的忙。成都王才许了他。于是刘渊回到左国城（在如今山西离石县东北——编者注：今为吕梁市离石区东北），自立为汉王（公元304年），旋又迁居平阳（如今山西的临汾县——编者注：今为临汾市），称帝。

这时候，洛阳以东群盗纷起，一时无所归向，便都去依附匈奴（其中最盛的，要算王弥和石勒）。于是匈奴的势力大盛。公元310年，刘渊卒，子和立，弟聪弑而代之。这时候，石勒的兵纵横河南。东海王越，自出兵讨之，卒于项（如今河南的项城县——编者注：今为项城市）。勒追败其军于苦县（如今河南的鹿邑县）。于是官军不复能讨贼，听其纵横司、豫。公元311年，刘曜（刘渊的族子）攻洛阳，王弥、石勒都引兵来会。城陷，怀帝被虏。刘聪的儿子粲又攻陷长安，杀南阳王模。公元313年正月，“刘聪大会。使帝着青衣行酒。侍中庾珉号哭。聪恶之……帝遇弑，崩于平阳”。

这时候，雍州刺史贾疋，已恢复长安（旋讨张连被害，众推始平太守麴允领雍州刺史），奉秦王业为太子。及得凶问，即位，是为愍帝。时“长安城中，户不盈百，墙宇颓毁，蒿棘成林……众唯一旅，公私有车四乘。器械多阙，运馈不继……诸侯无释位之志，征镇阙勤王之举”，就靠麴允、索綝（京兆太守）尽忠辅翼，屡却敌兵。公元316年，刘曜大举来攻，诸军毕竟不支。八月，京城被围。十月，帝出降。明年，刘聪“因大会，使帝行酒洗爵。反而更衣，又使帝执盖。晋臣在坐者，多失声而泣。尚书郎辛宾，抱帝恸哭，为聪所害。十二月……帝遇弑，崩于平阳”。于是西晋灭亡。

第四节　胡羯的兴亡

西晋灭亡之后，匈奴的势力看似很厉害了。然而刘渊本不是什么有大略的人（看他自立之后，一无作为可知），刘聪就更荒淫。当时匈奴所有，实在不过雍州和河东斤土而已。于是石勒起于东方。

石勒，羯人（初名匐，其先匈奴别部羌渠之胄，祖父并为部落小率。汲桑始命以石为姓，勒为名）。太安中（惠帝年号。公元302年、公元303年两年），并州刺史东嬴公腾，执卖诸胡于山东；以充军实，勒亦在其中。后与魏郡汲桑，同从成都王颖故将公师藩为盗。藩和汲桑，都给青州刺史苟晞所击斩。石勒降汉，于是借其兵力，纵横东方。这时候，北方已经糜烂得不堪。其稍能自立的只有青州刺史苟晞、幽州都督王浚、并州刺史刘琨，都给石勒灭掉。群盗中最强盛的，是王弥（扰乱青徐一带）、曹嶷［也在青州。广固城（在如今山东益都县西边——编者注：今属青州市，后来南燕所都）便是曹嶷所筑］，也给石勒所并。幽、并、青、冀、司、豫、兖、徐，差不多都是石勒的势力范围。然而他起初也不过是个流寇的样子，后来得赵人张宾，用他的计策，公元312年，北据襄国（如今直隶的邢台县——编者注：今为河北邢台市），明年，又南定邺，就据了这两处做根据地，于是渐渐地成了一个规模。

公元318年，刘聪卒，子粲立。刘聪当生时，娶靳準的女儿为后，就委政于準。粲立，为準所杀。于是石勒从襄国，刘曜从长安，都发兵攻準。勒攻破平阳，準奔刘曜，为曜所杀。于是刘曜自立于长安，改国号为赵。明年，石勒也自称赵王。历史上称刘曜为前赵，石勒为后赵。

公元328年，刘曜伐后赵，围金墉。石勒往救，战于洛西，曜大败，被执。子熙奔上邦（如今陕西的南郑县），明年，为石虎所追杀。于是前赵灭亡（后赵又并有雍、秦二州）。

公元333年，石勒卒，子弘立。石勒的从子虎，是向来执掌兵权的，弑弘而自立。虎残暴无人理，后赵就不能支持，而鲜卑、氐、羌继起。

公元349年，石虎卒。石虎的太子邃以谋弑虎，为虎所杀，立其弟宣。宣的弟韬，有宠于虎，宣忌而杀之。虎大怒，又杀掉宣，而立小儿子世做太子（世的母亲是刘曜的女儿）。谪东宫的卫士名为“高力”的于梁州，“遇赦不原”。高力军反，攻破长安，出潼关，向洛阳。虎大惧，叫养子冉闵和羌酋姚弋仲去打他，总算把高力打平。等到收军回来，石虎已经死了。冉闵走到李城（如今河南的温县），遇见石虎第三个儿子石遵，就劝他去攻石世。石遵听了他，就用冉闵做先锋，打破邺城，杀掉石世母子。石遵本来许以冉闵为太子的，即位之后，却背了约。于是冉闵攻杀石遵，立了他的兄弟石鉴。石鉴想杀掉冉闵，又给冉闵所杀。于是冉闵自做皇帝，复姓冉氏，改国号为魏，这是公元350年的事。

冉闵做皇帝虽不过一年，却和当时时局很有关系，便是他杀石鉴时的“大诛胡羯”。《晋书·载记》上记这件事道：

……宣令内外六夷，敢称兵杖者斩之。胡人或斩关或逾城而出者，不可胜数……令城内曰：与官同心者住；不同心者，各任所之。敕城门不复相禁。于是赵人百里内悉入城，胡羯去者填门。闵知胡之不为己用也，班令内外：赵人斩一胡首送凤阳门者，文官进位三等，武职悉拜牙门。一日之中，斩首数万。闵躬率赵人，诛诸胡羯；无贵贱男女少长，皆斩之，死者二十余万……屯据四方者，所在承闵书诛之。于是高鼻多须，至有滥死者半［有人据这一句，疑心当时的胡羯形状颇像白种人。按：羯是匈奴别种。匈奴自是土耳其族。但是当时的所谓“胡”，范围是很广的。譬如鲜卑在匈奴之东，就叫东胡，西域诸国，有时也称为西胡。又如说北走胡，南走越。葱岭以东，原有属于白种的塞种（见本书第四章第二节）。这种人，自然也有迁居中原的；又有本来和匈奴混合，随着匈奴迁徙入中原的。所以大诛胡羯的时候，其中有高鼻多须的人］。

经这一次杀戮之后，胡羯的势力就大衰。冉闵虽然败亡，胡羯却不能再起了。

第五节　鲜卑的侵入

鲜卑是个大族。它当时所占据的地方虽在塞外，不如匈奴在腹心之地，然而它的种落却较匈奴为多。所以扰乱中原虽在匈奴之后，而命运却较匈奴、氐、羌为长。其中最先崛起的是慕容氏。慕容氏，《晋书·慕容廆载记》上说它是东胡之后，分保鲜卑山的。又述它的先世道：

曾祖莫护跋，魏初率其诸部入居辽西，从宣帝伐公孙氏有功，拜率义王，始建国于棘城之北。时燕、代多冠步摇冠，莫护跋见而好之，乃敛发袭冠，诸部因呼之为步摇，其后音讹，遂为慕容焉……祖木延，左贤王。父涉归，以全柳城之功，进拜鲜卑单于，迁邑于辽东北（棘城在如今热河道朝阳县）。

到慕容廆手里，迁徙到徒河的青山（在如今奉天锦县境——编者注：今为辽宁凌海市），又迁徙到大棘城（如今奉天的义县——编者注：今属辽宁），并有辽东（参看本书第十三章第六节）。慕容廆还受晋朝的官爵。廆卒，子皝立（公元333年），才自称燕王（公元337年），又筑龙城，徙都之（如今的朝阳县）。皝卒，子儁立（公元348年）。这时候，辽西的鲜卑还有宇文氏和段氏。宇文氏为慕容皝所灭（见第三章第四节）。段氏据令支（如今直隶的迁安县——编者注：今为河北迁安市），也给慕容儁灭掉。于是前燕的疆域和后赵直接。

石氏灭亡之后，慕容儁乘势侵略中原，公元350年，拔蓟，取幽州，南徇冀州。公元352年，和冉闵战于魏昌（如今直隶的无极县——编者注：今属河北），闵马倒被执。魏亡。于是慕容儁徙都邺。

当时前燕的实力仅及河北一带（幽、冀二州及邺），于是氐酋苻洪，羌酋姚弋仲，也都想乘机自立。按《晋书·载记》：

苻洪，字广世，略阳临渭氐人也……世为西戎酋长。始其家池中蒲生，长五丈五节，如竹形，时咸谓之蒲家。因以为氏焉。父怀归，部落小帅……属永嘉之乱……宗人蒲光、蒲突，遂推洪为盟主。刘曜僭号长安，光等逼洪归曜，拜率义侯。曜败，洪西保陇山。石季龙将攻上邽，洪又请降……拜冠军将军，委以西方之事……以洪为龙骧军流人都督，处于枋头（**枋头城，在如今河南浚县。石氏亡后，“有说洪称尊号者，洪亦以谶文有草付应王，又其孙坚背有草付字，遂改姓苻氏”**）。

姚弋仲，南安赤亭羌人也……烧当……七世孙填虞，汉中元末，寇扰西州，为杨虚侯马武所败，徙出塞。虞九世孙迁那率种人内附……处之于南安之赤亭。那玄孙柯迴……迴生弋仲……永嘉之乱，东徙榆眉……刘曜……以弋仲为平西将军……邑之于陇上。及石季龙克上邽，弋仲说之……徙陇上豪强……以实畿甸……勒既死，季龙执权。思弋仲之言，遂徙秦、雍豪杰于关东。弋仲率部众数万，迁于清河（**按：赤亭，在如今甘肃陇西县。榆眉，在陕西岍阳县。清河郡，治如今山东的清平县——编者注：辖区今分别划归临清县和高唐县**）。

这都是被胡羯压服的，胡羯既亡，自然都想出头了。苻洪击虏赵将麻秋，不多时，给麻秋毒杀。儿子苻健，杀掉麻秋，引兵入关。姚弋仲也病死，儿子姚襄降晋。这时候，河南郡县无主，降晋的极多。晋朝就要起兵经略北方了。

第六节　东晋内外的相持

从元帝即位建康以后（公元317年），到慕容儁入邺这一年（公元352年），晋朝的东渡，已经三十六年了。这三十六年之中却是怎样的呢？东晋的历史，我可以说是荆、扬二州冲突的历史。

元帝以公元313年都督扬州军事，镇下邳（如今江苏的邳县——编者注：今为邳州市）。这时候，北方丧乱。元帝用王导的计策，迁居建康。愍帝被弑以后，便在建康即位。江东的人心很归向元帝。却是从北方丧乱以来，南方也屡有乱事，都靠荆州的兵讨定（荆州的刺史是刘宏，他手下的名将便是陶侃、周访），所以当时荆州的兵力，远较扬州为强。元帝即位之初，王导和从兄王敦，同心翼戴（王导典机务，王敦掌征讨）。元帝便用王敦都督江、扬、荆、湘、交、广六州军事。这时候，刘宏已死。王敦便把周访迁徙到梁州，陶侃迁徙到广州，自己专管荆州之事。元帝又有些怕他，引用刘隗、刁协、戴渊、周凯等一班人，叫戴渊都督司、豫（镇合肥，如今安徽的合肥——编者注：今为合肥市），刘隗都督青、徐（镇淮阴，如今江苏的淮安——编者注：今属淮安市）两州军事，以防制他。又叫谯王承做湘州刺史，以掣王敦的肘。王敦在诸将中只有些怕周访。却是周访死了，甘卓继任，卓年已老耄，王敦绝不怕他。公元322年，王敦发兵反，从武昌顺流而下。刘隗、戴渊发兵入卫，拒战，都大败。刘隗逃奔后赵，刁协给人杀掉。敦入城，杀周凯、戴渊而去（同时也发兵袭杀甘卓和谯王承）。元帝忧愤而崩。明帝立，敦移镇姑孰（如今安徽的当涂县），阴谋篡夺，公元324年，死了，明帝和丹阳尹温峤合谋，发兵讨平其乱。这是荆、扬二州的第一次冲突。

明帝在位三年而崩，成帝立，还只有五岁，太后庾氏临朝。后兄庾亮执政。这时候，祖约屯寿春（祖约的哥哥，唤作祖逖。请兵于元帝，要去恢复北方。元帝叫他自己召募。于是祖逖在淮阴召募约八千人，慷慨北行，和后赵相持，河南州郡，归他的极多。公元321年，祖逖死了，祖约代领其众，抵挡不住后赵，退屯寿春），陶侃镇荆湘，又有个历阳内史苏峻（历阳，如今安徽的和县），讨王敦有功，都和庾亮不睦。公元327年，庾亮征苏峻为大司农，苏峻就举兵和祖约同反。苏峻的兵锋很为精锐。庾亮逃奔寻阳，去投温峤（这时候，温峤镇寻阳）。温峤以大义责陶侃，一同举兵，讨定苏峻。祖约逃奔后赵，后来为后赵所杀。这一次，不是温峤公忠体国，陶侃也还未必可靠，晋朝就危险极了。这是东晋所生肘腋之变，总算靠上流的兵力镇定的。

陶侃死后，庾亮代督荆江（公元334年），才出兵北伐。这时候，后赵方强（石虎时代）。庾亮兵出无功，惭愤而卒。庾亮的兄弟庾翼接他的手。公元342年，成帝崩。成帝两个儿子，一个唤作丕，一个唤作奕，年纪都还幼小。宰相庾冰便立了琅邪王岳，是为康帝。庾翼从武昌移镇襄阳，庾冰代镇夏口。公元344年，康帝又死了。康帝的儿子唤作聃，还只有三岁。庾冰要立会稽王昱（简文帝），宰相何充不同意。聃即位，是为穆帝。太后褚氏临朝。这一年，庾冰死了，庾翼移镇夏口，庾翼的儿子，名唤方之，代镇襄阳。明年，庾翼又死了。遗表请把自己的儿子爰之代镇荆州。何充不听，用了桓温，并且连方之都罢掉。从此以后，庾氏的势力，就消灭了。

桓温却是个豪杰，他占据上流以后，布置起来，便觉得旌旗变色，于是就成了伐蜀之功。前蜀的起源，《晋书·载记》上说他是廪君之后。廪君的神话见于《后汉书·南蛮列传》上（《晋书·李特载记》略同）。

巴郡南郡蛮，本有五姓：巴氏、樊氏、瞫氏、相氏、郑氏，皆出于武落钟离山。其山有赤、黑二穴，巴氏之子生于赤穴；四姓之子皆生黑穴。未有君长，俱事鬼神。乃共掷剑于石穴，约能中者，奉以为君。巴氏子务相，乃独中之，众皆叹。乃令各乘土船，约能浮者，当以为君，余姓悉沈，唯务相独浮。因共立之，是为廪君。乃乘土船，从夷水至盐阳。盐水有神女，谓廪君曰：此地广大，鱼盐所生，愿留共居。廪君不许。盐神暮辄来取宿，旦即化为虫，与诸虫群飞，掩蔽日光，天地晦冥，积十余日。廪君思其便，因射杀之，天乃开明。廪君于是君乎夷城，四姓皆臣之（钟离山，在如今湖北宜都县境——编者注：今为宜都市。夷水就是如今的清江）。

《晋书·载记》上又述李氏的缘起道：

汉末，张鲁居汉中，以鬼道教百姓。賨人敬信巫觋，多往奉之。值天下大乱，自巴西之宕渠，迁于汉中杨车坂，抄掠行旅；百姓患之，号为杨车巴。魏武帝克汉中，特祖将五百余家归之。魏武帝拜为将军，迁于略阳北土，复号之为巴氏。

这一支巴氏，实在是前秦、后凉、成汉的共祖。不过前秦、后凉是留居北方的，成汉却是入蜀的罢了。公元296年，关中氐齐万年反，关西扰乱，百姓都流亡入汉中。李特因将之入蜀。公元304年，李特的儿子李雄攻破成都，自称成帝（李寿改国号为汉）。又北并汉中。李雄刑政宽简，百姓颇为相安。公元334年，李雄死了，兄荡的儿子班立。李雄的儿子越弑之而立其弟期。期淫虐不道，又为李特的孙子寿所弑。李寿也是个荒淫无道的，成汉就此大衰。李寿卒，儿子李势立。公元347年，桓温两道伐蜀，直逼成都，李势出降。前蜀就此灭亡。

前蜀灭后两年而石虎死，北方大乱。河南诸州，都来降晋。于是晋朝就想北伐。然而这时候，荆、扬二州的龋龁又起。朝廷忌桓温的威名日盛，就引用名士殷浩去抵抗他。石虎死的明年，殷浩都督扬、豫、徐、兖、青五州军事。公元353年，殷浩用姚襄做先锋北伐，反为襄所邀击，大败。桓温因此逼着朝廷，废掉殷浩。于是荆州的势力高压扬州，达于极点了。公元354年，桓温伐秦，大败其兵，直到灞上。苻健用坚壁清野的法子拒他，桓温粮尽退兵。明年，讨定姚襄（姚襄走关中，给秦人杀掉，他的兄弟苌，投降苻秦）。公元361年，穆帝崩，成帝的儿子琅邪王丕立，是为哀帝。公元365年，哀帝又崩。兄弟奕立，是为废帝海西公。公元369年，桓温伐燕，战于枋头，不利。这时候，中央猜忌桓温，于他的举动颇务掣他的肘。于是桓温就想要行废立。公元371年入朝，废海西公而立简文帝。明年，简文帝崩，孝武帝立。桓温颇有“图篡”之意。朝臣谢安、王坦之故意用镇静的法子对待他。公元373年，桓温死了，他的兄弟桓冲是个无能为的人，把荆州让给谢安。于是荆、扬二州的冲突，又算告一个小结束。

第七节　苻秦的盛强

如今又要说到北方的事情了。慕容儁迁邺的第四年就死了。子暐立，慕容恪辅政。公元365年，陷洛阳（公元356年，桓温破姚襄，收复洛阳。到这一年而陷于前燕）。公元367年，慕容恪卒，慕容评辅政。越二年而桓温北伐，慕容垂大败之于枋头。慕容评性最鄙吝，见慕容垂威名日盛，忌之，阴谋图害。慕容垂逃到秦国，于是前燕骤衰。而前秦从苻坚即位以后（苻健卒，子生立。苻坚弑而代之。坚的父亲名雄，也是苻洪的儿子），用了王猛，修政练兵，国势骤强。公元369年，王猛伐燕，克洛阳，明年，攻破了邺城。慕容暐被执，前燕就此灭亡。这时候，北方的国，又有：

1. 前凉　前凉张轨，公元300年做晋朝的凉州刺史。这时候，中原丧乱，轨就保有了凉州。张轨和他的儿子寔，都还“事晋，执臣礼”。张寔卒，他的兄弟张茂立。刘曜来攻，才力屈称藩。张茂卒，张寔的儿子张骏立。张骏卒，子张重华立。石虎来攻，屡败其兵。张重华卒，子曜灵立，为重华的兄祚所弑。祚淫虐不道，又为其下所杀。立了张重华的儿子玄靓。张骏的少子天锡，又弑之而自立。公元376年，为前秦所灭。

2. 代　代就是拓跋氏，也是公元376年，为前秦所灭。

3. 陇西鲜卑乞伏氏　《晋书·载记》述它的源起道："在昔有如弗斯、出连、叱卢三部，自漠北南出大阴山。遇一巨虫于路，状若神龟，大如陵阜，乃杀马而祭之。祝曰：若善神也，便开路；恶神也，遂塞不通。俄而不见，乃有一小儿在焉。时又有乞伏部，有老父无子者，请养为子，众咸许之。老父欣然，自以有所依凭，字之曰纥干。纥干者，夏言依倚也……四部服其雄武，推为统主。"这一段神话虽荒唐，却可见得这一族是从漠北迁徙而来的。后来有一个部长，唤作祐邻（乞伏国仁的五世祖），才南迁到秦州的边境（在如今兰山道的北境）。祐邻六传至司繁，为前秦所击破，降于前秦。

其余诸小部落，一时也无不慑服。于是苻坚"三分天下有其二"，就想要灭掉东晋以统一天下——于是西陷梁、益，东扰徐、豫。公元383年，就起了大兵八十万来伐晋。

第八节　淝水之战和北方分裂

北方的苻秦虽然盛强，南方的东晋形势却也变了。这是为什么？从谢安秉政之后，就叫他的侄儿子玄驻扎广陵。谢玄募了一支精兵，号为“北府兵”。统带这一支兵的人，名唤刘牢之，也是一个战将。

苻坚的伐晋，所靠的就是兵多。既然“多而不精”，就一定“多而不整”，这本是兵家所忌的。当时他的大军，还没有到齐，前锋就给刘牢之打败。南军的战气已经加倍。谢玄等遣使请战，苻坚要放他渡水，“半渡而击之”。谁知自己的兵多而不整，一退不可复止，给晋兵杀得大败亏输（这种战事的始末，本书限于篇幅，不能详叙。欲知其详，参考《通鉴纪事本末》最便。其余的战役仿此）。

苻坚盛强的时候，北方的羌人和鲜卑人等，本是被他硬压服的，并不是心服。然而苻坚却待他们甚厚，而且措置之间，似于本族反疏。当时劝他的人很多，他都不听。这也有个缘故，氐本是个小族，若要专靠了几个本族人，而排斥外族，如何能站得住呢？这也是苻坚眼光远大之处。然而一朝败北，向来“力屈而非心服”的人，就如雨后春笋，一时怒发了。于是——

慕容垂据中山（如今直隶的定县——编者注：今为河北定州市），为后燕。

慕容永据长子（如今山西的长子县），为西燕。

姚苌据长安，为后秦。

吕光据姑臧（如今甘肃的武威县——编者注：今为武威市），为后凉（吕光，略阳氐人。苻坚的骠骑将军。替苻坚讨平西域的）。

乞伏国仁据陇右，为西秦（居勇士川，在如今甘肃金县的东北——编者注：今为榆中县。乞伏乾归徙苑川，在如今甘肃靖远县的西南）。

苻坚先为西燕所攻，弃长安，奔五将山（在陕西岐山县东北），后来被姚苌捉到，杀掉。他的儿子丕，镇守邺城，为慕容垂所逼，逃到晋阳，自立。和慕容永打仗，败死。苻坚的族子登，自立于南安（如今甘肃的平凉县——编者注：今为平凉市崆峒区）。和后秦相攻，公元394年，给姚苌的儿子姚兴杀掉。儿子崇，逃到湟中，给乞伏乾归杀掉。于是前秦灭亡。

前秦灭亡这一年，慕容垂也灭掉西燕，并幽、冀、并三州，又南定青、徐、兖三州。后秦也攻破洛阳，并有淮汉以北，又破降乞伏乾归，并称为北方大国。然而拓跋氏和赫连氏，也就起来了。

第九节　拓跋氏的兴起

鲜卑诸族以慕容氏为最大。然而慕容氏所遇的机会，不如拓跋氏之佳（慕容氏直氐、羌、胡、羯方张之时，而拓跋氏直诸族都已凋敝之后），所以拓跋氏就成了统一北方的大功了。

拓跋氏的起源，《北史》上说：

魏之先，出自黄帝轩辕氏。黄帝子曰昌意，昌意之少子，受封北国，有大鲜卑山，因以为号。其后世为君长，统幽都之北，广漠之野，畜牧迁徙射猎为业。淳朴为俗，简易为化，不为文字，刻木结绳而已。时事远近，人相传授，如史官之纪录焉。黄帝以土德王，北俗谓土为托，谓后为跋，故以为氏。其裔始均，仕尧时：逐女魃于弱水北，北人赖其勋；舜命为田祖。历三代至秦汉，獯鬻、猃狁、山戎、匈奴之属，累代作害中州，而始均之裔，不交南夏，是以载籍无闻。积六七十代，至成皇帝，讳毛，立，统国三十六，大姓九十九，威振北方。

拓跋氏的传说，大概是起于成皇帝的，以前都是捏造出来的。成帝以后，《北史》叙述它的世系：五传而至宣帝推寅；宣帝以后，又七传而至献帝邻。《北史》记他之事迹道：

宣帝南迁大泽，方千余里，厥土昏冥沮洳。谋更南徙，未行而崩……献皇帝邻立。时有神人，言此土荒遐，宜徙建都邑。献帝年老，乃以位授于圣武皇帝（**按：名诘汾**），命南移。山谷高深，九难八阻，于是欲止。有神兽似马，其声类牛，导引历年乃出。始居匈奴故地。其迁徙策略，多出宣献二帝，故时人并号曰推寅，盖俗云钻研之义。

这其中固然杂有神话，然而它本来的居地，和迁徙路径，却可以推测而得。如今的西伯利亚，从北纬六十五度以北，号为冻土带。自此以南，到五十五度，为森林带。更南的平地，号为旷野带。又南，为山岳带，就是西伯利亚和蒙古的界山。冻土带极冷，人不能生活的地方极多。森林带多蚊虻。旷野带虽沃饶，然而正是《北史》所说“昏冥沮洳”之地。拓跋氏最初所居，似系冻土带，因不堪生活的困难而南徙，又陷入旷野带中。后来才越过山脉，而到如今的外蒙古，就是所谓“匈奴故地”了［有人说“大泽方千余里”，是如今的贝加尔湖，这句话是弄错的。贝加尔湖，是古时候的北海，是丁令人所居（参看本书第十三章第二节），在北荒要算乐土了。“大泽方千余里”，明是广大的沼地］。

诘汾的儿子名为力微（神元帝），居于定襄的盛乐（如今归绥县的北边——编者注：今为呼和浩特市）。四传至禄官（力微的儿子），众分为三部：禄官居上谷之北，濡源之西（如今的滦河）；禄官的兄子猗㐌，居参合陂（如今山西的阳高县）；猗卢，居盛乐（公元296年）。公元308年，禄官卒，猗卢合三部为一。这时候，刘琨和匈奴相持，而拓跋氏同铁弗氏的交涉也于是乎起。

铁弗氏是匈奴南单于的苗裔，居于新兴。“北人谓胡父鲜卑母为铁弗，因以号为姓”（《北史》本传）。铁弗氏的酋长唤作刘虎，和刘琨相攻。刘琨借兵于拓跋氏，击破之。于是把陉北的地方赏他，封为代王（公元315年）。猗卢死后，国多内难，中衰。到公元338年，什翼犍立（昭成帝），才再强盛。什翼犍徙居云中（如今山西的大同县——编者注：今为大同市），仍和铁弗部相攻。公元376年，刘虎的孙子刘卫辰（刘虎死后，子务桓立，和拓跋氏讲和。务桓死，弟阏陋头立，和拓跋氏构衅。后为务桓的儿子悉勿祈所逐，逃归拓跋氏。悉勿祈死，弟卫辰代立），请兵于前秦。前秦遣兵伐代。什翼犍病不能战，逃到阴山之北。秦兵退了，才回来，给儿子实君所弑。前秦听得，再发兵攻代，把实君杀掉。于是把代国的地方，分属于刘卫辰和刘库仁（刘武的宗人，昭成帝以宗女妻之）。什翼犍的孙子珪，这时候年纪还幼小。他的母亲贺氏带着他去依刘库仁。后来刘库仁死了，儿子刘显想害他。他就逃到贺兰部，公元386年，自称代王，旋称帝，是为北魏道武帝。后灭刘显（公元387年）和刘卫辰两部，迁居平城（公元391年）。代北的种落本来是很强悍的，他东征西讨，把这许多种族都渐次收服，就依旧变作一个强部了。

从前秦灭亡以来，北方连年兵争，凋敝已极。后秦和后燕虽然并地稍广，国力也都不充实。公元395年，慕容垂的儿子宝带兵攻魏，大败于参合陂，死者无数。明年，慕容垂自将攻魏，魏人敛兵避他。垂入平城。退军时候，看见魏国人所筑的“京观”，又羞又气，走到上谷，死了，慕容宝立。魏人大举南伐，陷并州，从丹陉东下（从娘子关到获鹿县——编者注：今属鹿泉市——的隘道），郡县望风而溃，中山以外，只剩了邺和信都（如今直隶的冀县——编者注：今为河北的冀州市）两城。慕容宝逃到龙城，魏兵退后，出兵想收复中山，手下的军队哗变起来，只得退回龙城。叛兵追上，把他围住。慕容宝就给手下的人所弑。少子长乐王盛，定乱自立。因用刑甚严，又为手下的人所弑。兄弟河间公熙立，奢淫无度，为部将冯跋所篡，是为北燕（公元407年）。魏道武南侵的时候，慕容皝的小儿子范阳王德镇邺，弃之，南走广固，自立，是为南燕。

后燕破败到如此，后秦也日就衰颓。刘卫辰灭亡，他的小儿子名唤勃勃，逃到鲜卑的叱干部，后来又转入后秦。姚兴叫他守卫朔方，以御后魏。谁知勃勃既得兵权，就叛起后秦来。公元407年，自立为夏王，改氏赫连，连年攻剽后秦的边境。后秦用兵，总是不利，国力更形疲敝（赫连勃勃居统万城，在如今陕西的怀远县——编者注：今为横山县，或曰统万城为今靖边县北白城子）。

这时候的北方诸国，大都已到末运了。南方的东晋，却是怎样呢？

第十节　宋篡东晋和魏并北方

东晋从淝水战后，形势也大变了。这是为什么？就因为有了一支北府兵，下流的形势骤强。

孝武帝委政于自己的兄弟会稽王道子。道子也是个“嗜酒昏愚”的，又委政于王坦之的儿子国宝（谢安的女婿）。孝武帝的母舅王恭镇京口，和道子不睦。桓温的儿子桓玄在荆州，郁郁不得志，也游说刺史殷仲堪造反。公元396年，孝武帝崩，安帝立。明年，王恭、殷仲堪同举兵反，以诛王国宝为名。道子大惧，把王国宝杀掉，差人去求和，二人才罢兵。于是道子又引用谯王尚之（宣帝弟进的玄孙）做腹心。用他的计策，新立了一个江州，用王愉（国宝的兄）做刺史，割豫州所属四郡归他管辖。豫州刺史庾楷（庾亮的孙子）大怒，说王恭、殷仲堪，再举兵内向。道子的世子元显，遣人运动刘牢之，袭杀王恭。谯王尚之也杀败庾楷，而殷仲堪用桓玄、杨佺期（南郡相）做先锋，直杀到石头城。朝廷不得已，用桓玄做江州刺史，殷仲堪做荆州刺史，杨佺期做雍州刺史。三人才罢兵而还（公元398年）。未几，仲堪和佺期都给桓玄所并（公元399年）。于是上流的权势又归于桓玄一人了。元显年纪虽小，却颇有才气，经过一次事变以后，朝廷的实权尽入其手。公元402年，荆州大饥，元显趁势发兵以讨桓玄。桓玄也兴兵东下。

元显就仗一个刘牢之，桓玄差人运动刘牢之，刘牢之又叛降桓玄。元显弄得手足无措，兵遂大溃。桓玄入都，杀掉道子和元显，并且夺掉刘牢之的兵权。刘牢之要谋反抗，手下的人都恨他反复，没有人肯帮他的忙，牢之自缢而死。于是桓玄志得意满，公元403年，废掉安帝而自立。

然而北府兵的势力，毕竟还在。宋武帝（刘裕）便是这一支兵里最有实力的人。公元404年，刘裕和何无忌（刘牢之的外甥）、刘毅、孟昶、诸葛长民等，起兵京口、广陵，以讨桓玄。桓玄大败，挟安帝走江陵，为益州刺史毛璩所杀。安帝复位，于是刘裕在中央政府总揽大权，同时起事诸人，分布州郡。东渡以后，中央政府常为外州所挟制（起初为荆州所挟制，后来也兼为北府所挟制）的形势，到此一变。

后燕、后秦的衰弱，已如前述。北魏道武帝，从破燕之后听信了方士的话，吃了寒食散（大概是一种金石剂，性质极其猛烈。初服的时候，觉得诸病悉除。但是到后来，毒发起来，也非常猛烈。六朝人受其害的很多，巢元方《诸病源候总论》里，载有解救的法子，还可以考见其中毒的情形），躁怒无常，国政颇乱。所以也不过谨守河北，不能出兵。刘裕“休兵息民”了几年，公元408年，出兵伐南燕（这时候，慕容德已死，儿子慕容超在位）。明年，把南燕灭掉，又回兵平定了卢循、徐道覆的乱［这件事情，虽然不过是妖人创乱，于当时的时局却颇有关系的。先是有琅邪人孙泰，习妖术于钱塘杜子恭。孝武帝时孙泰做了新安太守，就想反。事觉，伏诛。他的侄儿子孙恩，逃入海中，聚党为乱，众至数十万。屡剽扬州沿海，直至京口。这时候，刘裕还在刘牢之麾下，拒战有功。刘牢之便把这件事情专委他，到底把孙恩打平（恩穷蹙赴水死）。刘裕的“崭然见头角，自此始”。桓玄篡位，孙恩的妹夫卢循，南陷广州，玄不能讨，就用他做刺史。卢循又用自己的姐夫徐道覆做始兴相（始兴，如今广东的曲江县——编者注：今为韶关市曲江区）。刘裕北伐，卢循、徐道覆乘机分两道北犯（从如今的湖南、江西），直出长江，军势甚盛。何无忌败死，刘毅拒战，也大败。刘裕赶归守御。这时候，“北归将士，并皆创病，建康战卒，不过数千”。诸将都要奉安帝渡江，刘裕坚持不可。徐道覆劝卢循急攻，卢循不听，久之，无所得，想要回兵，给刘裕袭破。卢循、徐道覆逃回广州，却广州又已给刘裕遣兵袭取了。卢循攻交州，兵败自杀。徐道覆在始兴，也兵败而死]，灭掉割据四川的谯纵（毛璩的参军。公元405年，攻杀毛璩，据蜀。公元414年，刘裕遣朱龄石把他讨平。历史上也称谯纵为后蜀），渐次剪除异己（荆州刺史刘毅，豫州刺史诸葛长民。谯王尚之的兄弟休之做荆州刺史，也给刘裕攻破，逃奔后秦）。公元416年，出兵伐后秦（这时候，姚兴已死，他的儿子姚泓在位）。从合肥向许洛，所至克捷。

明年，就攻破长安，把后秦灭掉（后秦求救于魏，魏人不能出兵，但列兵河上为声援，给刘裕打败）。

这时候，晋国大有可以恢复北方之势，而刘裕急于图篡，引兵南归，只留着一个儿子义真留守长安。诸将不和，长安就给赫连勃勃打破（公元418年）。“裕登城北望，流涕而已。”公元418年，刘裕弑安帝而立其弟恭帝，明年，就篡晋自立。

宋武帝篡晋之后，三年而殂。子少帝义符立，为徐羡之、傅亮、谢晦、檀道济等所弑。立了武帝第三个儿子义隆，是为文帝（庐陵王义真是次子，徐羡之等也和他不睦，先诬以罪，把他废掉）。文帝和檀道济谋，讨除徐羡之等三人，不多时，又把檀道济杀掉。于是和武帝同时起兵的人，既给武帝除掉，就武帝手下的宿将，到此也翦灭无余，更无力经营北方，北方就都并于后魏了。

北魏道武帝，以公元408年，为儿子清河王绍所弑。明元帝讨绍自立，又服寒食散，不能治事。公元423年，传位于太武帝，国势复强。赫连勃勃取了长安，就是这一年死了。儿子赫连昌立。魏太武帝立后二年，自将伐夏，攻统万，赫连昌逃奔上邦，又给魏人追攻擒获。他的兄弟赫连定自立于平凉，后来为魏人所破，逃到吐谷浑。吐谷浑人把他执送北魏，于是西夏灭亡（公元431年）。

凉州地方，从苻坚淝水败后，就为吕光所据（公元386年）。公元397年，匈奴沮渠氏叛（《载记》说“其先世为匈奴左沮渠，遂以官为氏焉”），推吕光所命的建康太守段业为主，据张掖。公元401年，沮渠蒙逊杀段业而自立，是为北凉。业所署沙州刺史李暠，也据敦煌自立，是为西凉（公元400年）。河西鲜卑秃发乌孤（《载记》说：“其先与后魏同出。”按：拓跋秃发，就是一音的异译），又据乐都（如今甘肃的碾伯县——编者注：今为青海乐都县）自立，是为南凉（公元397年）。后凉的地方，就此分裂了。吕光死后，儿子绍继之。绍兄纂，杀绍自立，纂弟超，又杀纂而立其兄隆。北凉、南凉，时来攻击，遂降于后秦（公元403年）。南凉秃发乌孤，传弟利鹿孤，利鹿孤又传弟傉檀。傉檀降后秦，姚兴以为凉州牧，移镇姑臧，后为西秦乞伏炽磐所灭（公元414年）。西秦乞伏国仁，传弟乾归，为姚兴所破，降于后秦，后来逃归苑川（见上节），自立。传子炽磐，袭灭西秦，炽磐死后，子暮末立，为赫连定所杀（公元431年）。西凉李暠，迁居酒泉，并有玉门以西，传子歆，为沮渠蒙逊所灭（公元421年）。南凉亡后，沮渠蒙逊并有姑臧，又灭西凉，取敦煌。在凉州诸国中，最为强大。传子牧犍，为后魏所灭（公元439年）。还有冯跋所立的北燕，传子冯宏，也给后魏灭掉。于是天下就剩宋、魏两国了。

第十一章　南北朝

第一节　宋齐的治乱

宋文帝的时候，虽然宿将垂尽，兵力已靠不住，然而前此灭南燕，灭后秦，总算是“累胜之余”，而且这时候的拓跋魏，也不过草创，所以还有恢复中原的念头。宋武帝死时，魏明元帝乘丧伐宋，取青、兖、司、豫四州，置戍于虎牢（在如今河南汜水县）、滑台（如今河南的滑县——编者注：今属荥阳市）。公元430年，宋文帝遣到彦之伐魏，魏人敛兵河北，宋人恢复虎牢、滑台。到冬天，魏人纵兵南下，宋人不能抵挡，所得的地方又都失去。文帝“经营累年”，到公元450年，又遣兵伐魏。然而“兵多白徒，将非才勇”，才进就败。魏太武帝自将南伐，至于瓜步（在如今江苏六合县——编者注：今为南京市六合区）。宋人沿江置戍，极其吃紧。幸而盱眙（如今江苏的盱眙县）、彭城（如今江苏的铜山县）都坚守不下，魏太武帝乃勒兵而还。然而“所过郡邑，赤地无余”，至于“燕归巢于林木”。元嘉（文帝年号，公元424—公元453年）之政，在南朝中本算是首屈一指的，到此也弄得“邑里萧条”了。公元452年，魏太武帝被弑，文成帝立。宋文帝再想北伐，也没有成功。南北分立，“北强南弱”之势，到此就算定了（明帝时，和魏交兵，又失掉淮以北的地方）。

文帝皇后袁氏，生太子劭。淑妃潘氏，生始兴王浚。淑妃很为得宠，袁皇后“恚恨而殂”。太子劭因此深恨潘淑妃和始兴王。始兴王惧，“曲意事劭”，劭又喜欢了他。劭和浚多过失，怕文帝觉察，“因为巫蛊”。事觉，文帝要废太子而赐始兴王死，犹豫未决。潘淑妃告诉了始兴王。始兴王告诉太子，太子就举兵弑帝（并杀潘淑妃）。江州刺史沈庆之，奉武陵王骏，讨诛劭、浚。骏立，是为孝武帝（公元453年）。

孝武帝天资刻薄，武帝、文帝的子孙，差不多都给他杀尽。孝武帝卒，前废帝子业立（公元464年），荒淫无度，而刻薄同孝武帝一样。孝武帝的旧臣，多给他杀掉，又要杀江州刺史晋安王子勋（也是孝武帝的儿子）。子勋的长史邓琬，奉他起兵。刚好前废帝为左右所弑，明帝立（公元465年）。谕子勋罢兵，邓琬不听，奉子勋称帝于寻阳（公元466年）。这时候，“四方贡计，并诣寻阳”，朝廷所保，只有丹阳、淮南等几郡而已。不多时，子勋给沈攸之等讨败。明帝因此更加猜忌，孝武帝的子孙，也差不多给他杀完。公元472年，明帝卒，后废帝立，荒淫更甚于前废帝。公元474年，江州刺史桂阳王休范（文帝的儿子）反，昼夜兼程袭建康，为萧道成所讨平。萧道成自此威权渐大（道成刺兖州，镇淮阴）。公元477年，道成弑后废帝，而立安成王準。荆州刺史沈攸之和中书令袁粲（镇石头），起兵讨道成，都败死。公元479年，萧道成遂篡宋自立，是为齐高帝。

齐高帝篡宋之后，四年而殂（公元482年）。子武帝立。武帝和高帝同起艰难，留心政治，在南朝诸帝中，算是比较好的。公元493年，武帝卒。武帝太子长懋早卒，次子竟陵王子良，颇有夺宗之意。武帝兄子西昌侯鸾，扶立太孙昭业，是为鬱林王。子良忧惧而死。鬱林王荒淫无度，在位一年，为鸾所弑，立其弟昭文。旋废之而自立，是为明帝，大杀高、武二帝子孙。公元498年，明帝卒。子宝卷立，是为东昏侯，昏淫为南朝诸帝之最，而亦“果于杀戮”。豫州刺史裴叔业（治寿阳，如今安徽的寿县）降魏，南朝因此失掉淮南之地。江州刺史陈显达反，崔慧景讨平之。慧景还兵攻帝，为豫州刺史萧懿所杀。东昏侯又把萧懿杀掉。萧懿的兄弟萧衍，时为雍州刺史；

东昏侯发道密旨给荆州刺史南康王宝融，叫他暗中图谋之。宝融举兵反，公元501年，自立于江陵，是为和帝。这时候，萧衍也起兵襄阳，和帝就用他做征东将军，发兵东下。东昏侯战败，为宦者所弑。明年，和帝禅位于萧衍，是为梁武帝。

宋系图

（一）武帝刘裕—（二）少帝义符
　　　　　　　└（三）文帝义隆—（四）孝武帝骏—（五）前废帝子业
　　　　　　　　　　　　　　　└（六）明帝彧—（七）后废帝昱
　　　　　　　　　　　　　　　　　　　　　　└（八）顺帝準

齐系图

┌（一）高帝萧道成—（二）武帝赜—长懋—（三）废帝鬱林王昭业
│　　　　　　　　　　　　　　　　　　　└（四）废帝海陵王昭文
└道生—（五）明帝鸾—（六）废帝东昏侯宝卷
　　　　　　　　　　└（七）和帝宝融

第二节　北魏的盛衰

北魏太武帝时候虽然强盛，然而连年用兵，国颇虚耗（太武帝还有北征柔然、高车的事情，见本书第十三章第三节）。

文成帝立，“守之以静”，民乃复安。公元465年，文成帝卒，子献文帝立。好佛，传位于孝文帝（公元471年）。太后冯氏旋弑献文帝而称制（公元476年）。公元490年，冯太后卒，孝文帝才亲政。

孝文帝是北魏一个杰出的人物。迁都洛阳（公元493年），断北语，改族姓，禁胡服，与汉人通婚，兴学校，改制度。从此以后，鲜卑就与汉族同化了。然而北魏的衰机，也兆于此时，其中有两个重要的原因：

一、魏国的宗室贵人，从南迁以后都习于奢侈。这时候，佛法初行，建寺造塔等迷信，更足以助长奢侈。游牧民族迁徙到文明的地方，吸收文化难，而沾染物质上的奢侈易，这也是历代北族迁入中原的通例。

二、北魏当建都在平城的时候，和北族的交涉是很频繁的（参看本书第十三章第三节）。所以设了怀朔、高平、御夷、怀荒、柔玄、沃野六镇（在如今兴和道西南境），“盛简亲贤，拥麾作镇。配以高门子弟……不但不废仕宦，至乃偏得复除。当时人物，忻慕为之。及太和在历，仆射李冲当官任事，凉州土人悉免厮役。丰沛旧门，仍防边戍。自非得罪当世，莫肯与之为伍。征镇驱使，为‘虞候’‘白直’，一生推迁，不过军主。然其往世房分，留居京者得上品通官，在镇者便为清途所隔……多复逃胡乡。乃峻边兵之格，镇人浮游在外，皆听流兵捉之。于是少年不得从师，长者不得游宦……自定鼎伊洛，边任益轻。唯底滞凡才，出为镇将。转相模习，专事聚敛。或有诸方奸吏，犯罪配边，为之指踪，过弄官府，政以贿立，莫能自改”（以上魏广阳王深上书；见《北史·太武五王传》。太和，孝文帝年号，公元477—公元499年）。于是郁极思变，就成了后来的乱源。

公元499年，孝文帝卒，宣武帝立，委政于高皇后的兄肇。公元515年，宣武帝卒，孝明帝立，年方六岁，高太后临朝。先是道武帝要立明元帝做太子，恐怕身后母后专权，先杀掉他的母亲，才立他。从此以后，就成为拓跋氏的家法（君主政体的残酷不仁如此）。宣武帝好佛，充华胡氏生子孝明帝，立为太子，才不杀胡氏，而且把她立为贵嫔。高太后临朝，又要杀掉胡贵嫔，中给事刘腾等设法阻止。胡贵嫔很感激他。不多时，胡贵嫔和刘腾等合谋，伏兵把高肇杀掉，并弑高太后。于是胡氏自称太后，临朝称制（公元516年）。刘腾和太后的妹夫元乂等用事。后来太后又宠幸了一个清河王怿（孝文帝的儿子）。元乂、刘腾把清河王杀掉，连太后也幽禁起来。刘腾死后，元乂防范稍疏，太后又设法把元乂杀掉，再临朝称制（公元525年）。

奢侈的风气，到胡后时候更盛，大营寺塔，赏赐无度。于是“府库累世之积，扫地无余”。至于“减百官禄力”；“豫借百姓六年租税”；入市的，每人要税一个钱。地方官又竞为诛求，以结纳权要，弄得民不聊生。于是六镇和内地的人，纷起叛乱。尔朱荣，北秀容人，“世为部落酋帅；其先居尔朱川，因为氏焉”（北秀容，在如今山西的朔县——编者注：今为朔州市）。尔朱荣雄健有才略，讨平部人之乱，做了并、肆等六州都督。这时候，明帝年长，和太后嫌隙日深，密召尔朱荣，要诛灭太后左右，旋又后悔，止住他。太后大惧，把孝明帝杀掉（公元528年）。尔朱荣举兵入洛，杀掉胡太后，立了孝庄帝，留其党元天穆居洛，自还晋阳。公元530年，孝庄帝诱尔朱荣入朝杀之，并杀元天穆。尔朱荣的从子尔朱兆，举兵弑帝，立了长广王晔（献文帝的孙子）。明年，又把他废掉，而立节闵帝。公元531年，高欢起兵于信都（高欢，本在尔朱氏部下。先是河北叛乱时，有一个乱党唤作葛荣，兵最强，后来给尔朱荣灭掉。手下的人，受尔朱氏陵暴，都不聊生。大小凡二十六反，杀掉过半，还是不能遏止。尔朱兆问计于高欢。高欢说：不如叫他就食山东。尔朱兆听了他，就叫高欢带了去。于是高欢就起兵讨兆），立渤海太守朗（太武帝儿子的玄孙），攻破邺城。尔朱兆迎战，大败。高欢入洛，废掉节闵帝和朗，而立孝武帝（明年，攻杀尔朱兆）。孝武帝和高欢不睦，暗结关中大行台贺拔岳，以及宇文泰，以图高欢。公元534年，孝武帝举兵讨欢，欢也从晋阳南下，夹河而军。孝武帝不敢战，奔长安。这一年冬天，为宇文泰所弑，立了文帝。而高欢也另立了一个孝静帝。于是魏分为东西，公元550年，东魏为北齐所篡。西魏又两传，到公元557年，而为宇文氏所篡。

魏系图

- （一）道武帝拓跋珪—（二）明元帝嗣—（三）太武帝焘—晃—（四）文成帝濬
  - （五）献文帝弘
    - （六）孝文帝元宏
      - （七）宣武帝恪—（八）孝明帝诩
      - 怀—（十一）孝武帝脩
      - 愉—（十二）文帝宝炬
        - （十三）废帝钦
        - （十四）恭帝廓
      - 怿—亶—（东魏）孝静帝元善见
    - 勰—（九）孝庄帝子攸
    - 羽—（十）节闵帝恭

第三节　东西魏的纷争和侯景乱梁

东西魏分立后，高欢、宇文泰剧战十年，彼此不能相胜（其中最危险的，是公元537年这一役。这时候，关中大饥，宇文泰所带的兵不满万人，而高欢的兵有二十万。战于渭曲，高欢大败。西魏从此才算站住，乘胜进取河南许多地方。明年，东魏侯景治兵虎牢，以复河南诸州。宇文泰来救，不利。于是从洛阳以东为东魏，所有的形势略定。公元543年，高欢又发兵十万伐魏，战于印山，互有胜负。从此以后，东西魏就没有什么大战役。在河北，东魏以晋阳，西魏以汾州为重镇），于是东西分立的局面定，而受其害的，却在于梁。

梁武帝在位四十八年（公元502—公元549年），在历代君主中，年寿要算长久的。初年励精图治，国内颇称太平。晚年迷信佛法，三次在同泰寺舍身。“祭宗庙，以面为牺牲。”人民有犯罪的，至于“涕泣而赦之”。于是刑政废弛，承平日久，兵力尤不可靠。又梁武帝太子统（昭明太子）早卒，武帝立了自己的次子简文帝做太子，对于昭明太子的儿子，觉得有些抱愧。于是把统的儿子河东王誉、岳阳王詧等都出刺大郡。而又用自己的许多儿子，分刺诸郡以敌之。诸王“人各有心”，彼此乖离，也是召亡的一个原因（梁武帝的灭亡，攻佛法的人，都把他作为口实，然而这是他误解佛法之过，并不能归咎到佛法本身，这是略为研究佛法就可以知道的）。

高欢手下得力的战将是侯景，尝专制河南。公元547年，高欢卒，子澄，嗣执魏政。侯景以河南十三州降梁。梁武帝因此就起了恢复北方的雄心，叫自己的侄子贞阳侯渊明去伐魏。魏遣慕容绍宗讨侯景，渊明被擒。侯景奔梁，袭据寿阳，梁朝就用他做豫州刺史（先是梁人乘魏乱，恢复淮北诸州）。侯景见梁朝兵备废弛，阴怀异图。公元548年反，武帝命临贺王正德拒之（武帝兄弟的儿子，起初养以为子，打算把他立作太子。

后来太子统生，正德还归本支，因此不悦，常畜异谋），正德反引侯景渡江，把他开门放入。梁武帝忧愤而死。侯景立了简文帝，尽陷江南诸郡县。

这时候，梁朝所分封的诸王方各据一州，互相吞并。梁武帝第七个儿子湘东王绎，据了荆州，攻克河东王誉于湘州，邵陵王纶（武帝第六子）于郢州，形势颇强。公元551年，侯景溯江而上，陷江州、郢州，攻巴陵，大为王僧辩所败，猛将多死。回来之后，就杀掉简文帝和太子大器，立了个豫章王栋（昭明太子孙），旋又弑之而自立（称汉帝）。湘东王即位于江陵，是为元帝。始兴太守陈霸先起兵讨侯景，元帝派他和王僧辩分道进攻，侯景败死。

先是元帝遣兵攻岳阳王詧于襄阳，岳阳王求救于西魏。元帝乃罢兵。及元帝即位，武帝第八个儿子武陵王纪，也称帝于成都，发兵攻江陵。元帝请救于西魏，西魏发兵入成都。武陵王腹背受敌，败死。于是益州为魏所取，而东方州郡，亦大半入魏，自巴陵至建康，以江为界。后来元帝和魏，又有违言。公元554年，西魏遣柱国于谨帅师伐梁。攻破江陵，元帝遇害。徙岳阳王詧于江陵，令其称帝，是为西梁。王僧辩和陈霸先立敬帝于建康。而东魏又把贞阳侯渊明立作梁主，派兵送他回来。王僧辩拒战，大败，就投降了他，同他一起回来，把敬帝废作太子。陈霸先发兵袭杀王僧辩，重立敬帝，公元557年，就禅位于陈。

梁系图

- （一）武帝萧衍
  - 统——（后梁）（一）宣帝詧—（二）明帝岿—（三）琮
  - （二）简文帝纲
  - （三）元帝绎—（四）敬帝方智

陈系图

- （一）武帝陈霸先
  - 道谭
    - （二）文帝蒨——（三）废帝伯宗
    - （四）宣帝顼——（五）后主叔宝

第四节　周齐的兴亡和隋的统一

从北魏道武帝建国之后，凡一百四十八年，而分为东西（公元386—公元533年）。又十六年而东魏为北齐所篡，二十三年而西魏为北周所篡。北齐高氏，系出汉族，然而从文宣帝以后，都极其淫暴，这都是当时所谓“渐染胡风”的一流人。从文化上论，实在不能算他是中国人。宇文氏则也是鲜卑。《北史·周本纪》说：

其先出自炎帝神农氏。炎帝为黄帝所灭，子孙遁居朔野。

其后有葛乌菟者，雄武多算略，鲜卑奉以为主。遂总十二部落，世为大人，及其裔孙曰普回，因狩，得玉玺三纽，有文曰皇帝玺……其俗谓天子曰宇文，故国号宇文，并以为氏，普回子莫那。自阴山南徙，始居辽西……为魏舅甥之国。自莫那九世至侯归豆，为慕容皝所灭。

“出自炎帝”和得氏之由，自然是荒唐话。自阴山南徙，始居辽西，这句话从地理上看，却不错的。宇文氏先世的事迹，详见《北史》第九十八卷《宇文莫槐列传》。《本纪》说它是鲜卑，而《宇文莫槐列传》又说它是匈奴，这也是《北史》疏处。《宇文莫槐列传》说：“其先南单于之远属也……其语与鲜卑颇异。”“颇异”者，“不尽异”之词。这一种人，就是奚、契丹的祖宗，明明是鲜卑。不过其先居于阴山，地近匈奴，大概有婚姻上的关系，所以说是“南单于之远属”。而两民族也极为密接，所以说“其语与鲜卑颇异”，大约是掺杂匈奴语的。这也可推想前史致误之由。

北齐篡魏的是文宣帝。性极淫暴，然而这不过是“渐染胡俗”的结果，论起他的本性来，是很明决的，所以还能委任杨愔。历史上说他“主昏于上，政清于下”。文宣帝死后，太子殷立，为孝昭帝所废（公元560年）。传弟武成帝（公元561年），极其荒淫。用祖珽、和士开一班小人，朝政大乱。国用不足，赋敛无艺，弄得民不聊生。公元565年，传位于子纬，奢纵更甚。郡县守令都是市井鄙夫，入资得官，而剥削百姓，以为取偿之计。于是北齐就成了必亡之势。

北周篡魏的是孝闵帝（西魏文帝，卒于公元551年。子钦立，公元553年，为宇文泰所废。立其弟廓。公元556年，宇文泰卒。明年而孝闵帝篡魏）。然而大权都在从兄宇文护之手。篡位未几，为护所弑。立其弟明帝，公元560年，又弑之，而立其弟武帝。武帝立十二年，才诛护亲政（公元572年）。“帝沉毅有智谋……克己励精，听览不怠。用法严整……群下畏服……以海内未康，锐情教习，至于校兵阅武，步行山谷……征伐之处，躬在行阵；性又果决，能断大事，故能得士卒死力。”公元576年，伐齐，克平阳。齐主自晋阳回攻，不克。明年，再伐齐，克邺。齐主纬出走，被执，齐亡。

灭齐的明年，周武帝卒，子宣帝立，荒淫无度，周政遂衰。公元579年，传位于静帝，自称天元皇帝。未几而死，静帝年幼，内史上大夫郑译等，矫诏引宣帝后父杨坚辅政。杨坚就大杀周宗室，尽握朝权。相州总管尉迟回、郑州总管司马消难、益州总管王谦等起兵讨坚，皆为坚所败。公元581年，坚遂篡周而自立。

陈武帝无子，传位于兄子文帝（公元559年）。文帝死后，太子伯宗立（公元566年），大权尽在叔父安成王顼之手。公元568年，为顼所废。顼自立，是为宣帝。宣帝立九年而北齐亡，乘机恢复淮南之地。隋文帝受禅的明年，宣帝卒，后主叔宝立，荒淫无度，公元589年，为隋所灭。西梁已先二年为隋所灭，天下复统一。

北齐系图

神武帝高欢
- （一）文宣帝洋—（二）废帝殷
- （三）孝昭帝演
- （四）武成帝湛—（五）后主纬—（六）幼主恒

（齐将亡时，后主传位于子恒，亦为周人所执）

北周系图

文帝宇文泰
- （一）孝闵帝觉
- （二）明帝毓
- （三）武帝邕—（四）宣帝赟—（五）静帝阐

第十二章　军阀和诸族

读两晋南北朝的历史，有一件事情应当注意的，便是：“这时候，中国的政府，差不多始终是军阀政府。”曹魏、司马晋，其初都是军阀，不必论了。晋武平吴之后，便撤废州郡兵备，原也有意于偃武修文；无如一方面又想行“封建制度”，诸王都给以兵权，就酿成了“八王之乱”。于是“中央政府解纽”，各地方的权力自然扩张起来。这时候，北方五胡的势力日盛，解纽之后的地方政府，无论怎样抵敌不住它。所以虽然有刘琨、王浚等几个想竭力支持的人，也是终于灭亡。至于南方，究竟离五胡的势力稍远，长江一带还能自保，就成了东晋和宋、齐、梁、陈五朝汉族逃难的地方。却是南方的形势，从长江下流，想要渡江而南，是很难的（长江下游的津要，是采石和京口两处，以当时军事上的形势论，北军很难飞渡，所以有“长江天堑”的话）。而荆、襄一方面，受北方的压迫较重；荆、襄设或不保，从上游顺流而下，下游也是不能自保的。所以自来立国南方的，没有不以荆、襄为命脉。三国吴要力争荆州，也是这个道理。因此之故，晋室东渡以后，荆、襄方面不得不屯驻重兵，以御北方（当时荆州的形势，在事实上总较扬州为强）。晋室东渡以后，所以能立国，固然靠此；而中央政府常受荆州方面的压迫，也是为此。在刘裕灭掉桓玄以前，这种形势始终没有改变。刘裕以一个武人，而尽灭掉其余的武人。论理，中央政府的权力可以大振；然而当时虽把功臣宿将除尽，而因防御北方的缘故，外兵仍不得不重。于是芟除功臣宿将的结果，徒然弄得掌兵的都是庸才，以致对外不竞；而国内则外兵既重，中央政府，仍不免受其压迫，齐、梁、陈三朝的崛起都是如此（还有许多反叛而不曾成功的）。所以从董卓入据洛阳以后，到隋朝统一天下以前，“汉族四百年的政府，可以说全是给军阀盘踞”（公元189—公元589年）。读史的人，总说外兵不重，不能抵御外族的；所以宋朝除掉唐朝的藩镇，就有辽、金、元之祸。这种观察，是全然误谬的。宋朝的灭亡是另有原因，和去藩镇全无干涉；而且契丹的侵入，不是藩镇引它进来的吗？这个且待将来再论。即以东晋论，当时荆州的兵力，似乎替国家捍御一点外患；然而若不是荆、扬二州互相猜疑，东晋恢复北方的机会就很多；桓温没有下流的掣肘，刘裕没有内顾之忧，恢复北方的事业，都未尝不可以成功。所以内外乖离，最是立国的大忌，所以军阀对于国家，是有百害而无一利的——这个并不是说要去兵；正因为有了骄横的军阀，往往只能对内，并不能对外；到国内乖离之后，就是把别国人引进来，都是在所不恤的。这个是历朝的史事，都是如此，略为留心一点，便可以看得出。以上是就对外一方面论。就对内一方面论，军阀政府的罪恶就更大。因为军阀政府大抵是不知政治为何事的，所以行不出一点好政治来，而且本有的好政治，还要给它败坏。把下文所讲魏晋以后的政治制度和两汉一比较，就可以知道了。还有一种昏淫的君主，也是军阀政府所独有的，崇尚文治的皇室很少。我如今且举个齐东昏侯做个例子。

帝在东宫，便好弄，不喜书学……在宫尝夜捕鼠达旦，以为笑乐……性讷涩少言，不与朝士接……常以五更就卧，至晡乃起。王侯以下，节朔朝见，晡后方前，或际暗遣出。台阁案奏，月数十日乃报，或不知所在；阉竖以纸包裹鱼肉还家，并是五省黄案……教黄门五六十人为骑客，又选营署无赖小人善走者为逐马鹰犬，左右数百人，常以自随；奔走往来，略不暇息。置射雉场二百九十六处……渐出游走，不欲令人见之，驱斥百姓，唯置空宅而已。是时率一月二十余出。既往无定处，尉司常虑得罪，东行驱西，南行驱北；应旦出，夜便驱逐……临时驱迫，衣不暇披，乃至徒跣走出；犯禁者应手格杀，百姓无复作业，终日路隅。从万春门由东宫以东至郊外数十里，皆空家尽室。巷陌县幔为高障，置人防守，谓之“屏除”。高障之内，设部伍羽仪；复有数部，皆奏鼓吹羌，胡伎鼓角横吹。夜反，火光照天。每三四更中，鼓声四出，幡戟横路……或于市肆左侧，过亲幸家，环绕宛转，周遍都下。老小震惊，啼号塞道。处处禁断，不知所过。疾患困笃者，悉扛移之，无人扛者，扶匐道侧，吏司又加捶打，绝命者相系。从骑及左右，因之入富家取物，无不荡尽。工商莫不废业，樵苏由之路断。至于乳妇昏姻之家，移产寄室；或舆病弃尸，不得殡葬，有弃病人于青溪边者，吏惧为监司所问，推置水中，泥覆其面，须臾便死，遂失骸骨……三年，殿内火……其后出游，火又烧璇仪、曜灵等十余殿，及柏寝；北至华林，西至秘阁，三千余间皆尽。左右赵鬼，能读《西京赋》，云：“柏梁既灾，建章是营。”于是大起诸殿……皆匝饰以金璧……潘氏服御，极选珍宝，主衣库旧物，不复周用，贵市人间；金银宝物，价皆数倍……都下酒租，皆折输金，以供杂用，犹不能足。下扬、南徐二州桥桁塘埭丁，计功为直，敛取见钱，供太乐主衣杂费；由是所在塘渎，悉皆隳废，又订出雉雉头、鹤氅、白鹭缞，百品千条，无复穷已。亲幸小人，因缘为奸，科一输十……百姓困尽，号泣道路。少府太官，凡诸市买，事皆急速，催求相系；吏司奔驰，遇便虏夺。市廛离散，商旅靡依。又以阅武堂为芳乐苑，穷奇极丽，当暑种树，朝种夕死，死而复种，率无一生。于是征求人家，望树便取，毁彻墙屋，以移置之……纷纭往还，无复已极……明帝时，多聚金宝，至是金以为泥，不足周用，令富室卖金，不问多少，限以贱价，又不还直……潘妃放恣，威行远近。父宝庆，与诸小共逞奸毒，富人悉诬为罪，田宅赀财，莫不启乞，或云寄附隐藏，复加收没。计一家见陷，祸及亲邻；又虑后患，男口必杀……（《南史·齐本纪下》）

宋的前后废帝、齐的鬱林王、陈的后主，都是这一路人。为什么这样淫暴的君主，专出在这个时候？原来一国的文化，绝不是普及于全社会里的各阶级的。这种人，都是沉没在社会的下层的。历朝开国的君主，固然都是这一种人，然而得国之后，总要偃武修文，一两传后，就把这种性质变掉。独有南北朝时代，它的政府始终没改掉军阀的性质，就自然产出这一种人。这也可见得武人当权的弊窦。

至于北方，则当时始终在少数民族政府之下，而少数民族的君主也是极淫暴的。我如今再举个石虎为例。

季龙性既好猎，其后体重，不能跨鞍，乃造猎车千乘，辕长三丈，高一丈八尺。置高一丈七尺，格兽车四十乘，立三级行楼二层于其上。克期将校猎，自灵昌津，南至荥阳，东极阳都，使御史监察，其中禽兽有犯者罪至大辟。御史因之擅作威福，百姓有美女好牛马者，求之不得，便诬以犯兽，论死者百余家。海、岱、河、济间人无宁志矣。又发诸州二十六万人修洛阳宫。发百姓牛二万余头配朔州牧官。增置女官二十四等，东宫十有二等。诸公侯七十余国，皆为置女官九等。先是大发百姓女二十以下十三以上三万余人，为三等之第，以分配之。郡县要媚其旨，务于美淑。夺人妇者，九千余人。百姓妻有美色，豪势因而胁之，率多自杀。石宣及诸公及私令采发者，亦垂一万，总会邺宫。季龙临轩简第诸女，大悦，封使者十二人皆为列侯。自初发至邺，诸杀其夫及夺而遣之，缢死者三千余人，荆、楚、扬、徐间，流叛略尽，宰守坐不能绥怀，下狱诛者五十余人。（《晋书·载记第六》）

当时北朝里这种残暴不仁的人极多，其最甚的，就是刘聪、刘曜、苻生、赫连勃勃等。北齐的文宣帝、武成帝、后主等，虽然系出汉族，然而久已和胡人同化，也可以认他做胡人。其中也有一派比较文明一点的，便是鲜卑慕容氏、氐苻坚和北魏孝文帝等。这个大约因各族感受汉族文化的不同而异。当时诸族之中，最淫暴的，是胡、羯；鲜卑、氐、羌，都比较文明些。这个也有个缘故。汉朝的征服外族，对于匈奴用力最多，所以当时的匈奴虽然降伏，还时时存一怕它复叛的心，养之如骄子（看《汉书》《后汉书》中的匈奴传便可知道）。至于氐、羌两族，却又不免凌侮它。只有鲜卑，住在塞外，和汉族的关系较疏。既不受汉族的压迫，也不能压迫汉族。两族的关系，虽然也有时小小用兵，然而大体上，却总是通商往来的一种平和关系。所以匈奴因受优待而骄；氐、羌两族，又因受压迫而不能为正当的发展。只有鲜卑人，最能吸收汉族的文化。所以他们灭亡的时候，也是不同。胡、羯是暴虐不已，终于自毙的。鲜卑却是吸收了汉族的文化，慢慢同化的（氐、羌人数较少，所以和别一族融合较为容易）。

北魏孝文帝的厉行改革，读史的人都说他是失策。这种观察，也是误谬了的。议论他的人，不过说他是：从此以后，就同化于汉族，失掉本来雄武的特质。然而不如此，难道想永远凭借着武力和汉族相持吗？后来的女真、满洲，都是实行这种政策的，然而“其效可睹”了。这个且待后来再行详论。总而言之，以塞外游牧的民族侵入中国，其结果，和汉族同化而融合，是不可避免的。只看你决心走哪一条路罢了。那么，是拣胡羯的一条路走呢，还是拣鲜卑的一条路走呢？这种道理，难道北魏孝文帝都能晓得吗？这也未必其然，不过一种爱慕文化的心理，实在能够教人消灭种族之见罢了。这也可见得文化是天下的公物，实在有益于平和。

第十三章　隋朝的内政外交

第一节　隋文帝的内治

从董卓入据洛阳以后，到隋文帝统一天下以前，中国实在经过四百年外族和军阀蹂躏的政治，上一章已经说明了。到隋文帝统一以后，天下就换了一番新气象。

隋文帝这个人，在中国历史上并不负什么好名誉，然而他却实在有过人之处。我如今且引《文献通考·国用考》马端临论隋朝财政的一段话如下：

按古今称国计之富者莫如隋，然考之史传，则未见其有以为富国之术也。盖周之时酒有榷，盐池，盐井有禁，入市有税，至开皇三年而并罢之。夫酒榷、盐、铁、市征，乃后世以为关于邦财之大者，而隋一无所取，则所仰赋税而已。然开皇三年，调绢一匹者，减为二丈；役丁十二番者，减为三十日……开皇九年，以江表初平，给复十年；自余诸州，并免当年租税。十年，以宇内无事，益宽徭赋，百姓年五十者，输庸停放。十二年，诏河北、河东：今年田租，三分减一；兵减半；功调全免。则其于赋税，复阔略如此。然文帝受禅之初，即营新都，徙居之。继而平陈，又继而讨江南、岭表之反侧者。则此十余年之间，营缮征伐，未尝废也。《史》称帝于赏赐有功，并无所爱。平陈凯旋，因行庆赏，自门外夹道列布帛之积，达于南郭，以次颁给，所费三百余万段。则又未尝啬于用财也。夫既非苛赋敛以取财，且时有征役以縻财，而赏赐复不吝财，则宜用度之空匮也，而何以殷富如此。《史》求其说而不可得，则以为帝躬履俭约；六宫服浣濯之衣；乘舆供御，有故敝者，随令补用；非燕享，不过一肉；有司尝以布袋贮干姜，以毡袋进香，皆以为费用，大加谴责。呜呼！夫然后知《大易》所谓“节以制度，不伤财，不害民”，《孟子》所谓“贤君必恭俭礼下，取于民有制”者，信利国之良规，而非迂阔之谈也……

总而言之，隋文帝这个人，固然也有他的短处（猜忌、严酷），然而他的长处，却实在不可没的。他的长处，第一在躬行节俭，第二在留心政治，勤于民事。当文帝时候，一切政治，都定有规模，唐以后沿袭他的很多。这个且待第十五章里再讲。我如今还要讲一讲隋文帝的武功。要讲隋文帝的武功，就不得不把当时塞外的形势先行叙述一番。

第二节　回族的起源和分布

历史上为中国之患最深的，自然是北族。北族，匈奴之后便是鲜卑。鲜卑之后却是谁呢？便是柔然。柔然，《南史》上说它是匈奴别种，是错误的。《北史》上说：

始神元之末，掠骑有得一奴，发始齐肩，忘本姓名，其主字之曰木骨闾。木骨闾者，首秃也。木骨闾与郁久闾声相近，故后子孙因以为氏。木骨闾既壮，免奴为骑卒。穆帝时，坐后期当斩，亡匿广漠溪谷间，收合逋逃，得百余人，依纯突邻部。木骨闾死，子车鹿会，雄健，始有部众；自号柔然。后太武以其无知，状类于虫，故改其号为蠕蠕。

又后来阿那瓌（柔然的可汗，见下节）启魏主：“臣先世源由，出于大魏。”可见得柔然确是鲜卑的分部。然而当时北方，鲜卑并没有大部落，柔然如何能突然发生呢？这个由于它所用的，都是高车之众。然则高车是什么种族呢？

高车就是铁勒（也译作敕勒），汉朝时候，唤作丁令（又写作丁零、丁灵）。然则它在什么地方呢？

《史记·匈奴列传》：后北服浑庾、屈射、丁零、鬲昆、薪犁之国（浑庾，《汉书》作浑窳。隔昆下《汉书》有龙字，是衍文，《三国志》注也没有的）。《汉书·李广苏建传》：乃徙武北海上无人处……丁令盗武牛羊。

《汉书·匈奴传》：郅支……北击乌揭，乌揭降，发其兵，西破坚昆，北降丁令。《史记索隐》引《魏略》：丁灵，在康居北，去匈奴庭接习水七千里。《三国志》注引《魏略》：此上三国（按：指呼得、坚昆、丁令，呼得就是乌揭），坚昆中央，俱去匈奴单于庭安习水七千里；南去车师六国五千里；西南去康居界三千里；西去康居王治八千里。

北海，就是如今的拜喀勒湖。接习水的"接"字，是讹字，安习水，就是如今的额尔齐斯河（把"地望""道里"核起来，都如此）。然则汉初的丁令，东西蔓延已经很广了。再看它以后的分布是怎样。按《北史》述铁勒分布的地域是（部名太麻烦，且多不能句读，所以略去）：

独洛河北（如今的土拉河）。伊吾以西，焉耆之北，傍白山。金山西南（如今的阿尔泰山）。康国北（见第二章第二节），傍阿得水（疑心是如今的咸海）。得嶷海东西（疑心是如今的里海）。拂菻东（拂菻，就是罗马）。北海南。

《唐书》述铁勒十五部的地域是：

回纥　居薛延陀北娑陵水上，距京师七千里（娑陵水，如今的色楞格河）。

薛延陀（据上文，则薛延陀在色楞格河的南边。）

拔野古　漫散碛北，地千里。直仆骨东，邻于靺鞨。

仆骨　在多览葛之东，地最北。

同罗　在薛延陀北，多览葛之东，距京师七千里而羸。

浑　在诸部最南者。

契苾　在焉耆西北鹰娑川、多览葛之南。

多览葛　在薛延陀东，滨同罗水（如今的图拉河）。

阿跌

都播　其地北濒小海，西坚昆，南回纥。

骨利干　处瀚海北。其地北距海，去京师最远。又北度海，则昼长夜短；日入烹羊，胛熟，东方已明，盖近日出处也

（北距的海，大约是如今的贝加尔湖）。

白霫　居鲜卑故地。直京师东北五千里。与同罗、仆骨接。避薛延陀，系奥支水、冷陉山。山南契丹，北乌罗浑。东靺鞨，西拔野古。地圆袤二千里，山缭其外（如今蒙古东部的内兴安岭）。

斛薛　处多览葛北。

奚结　处同罗北。

思结　在延陀故牙。

所述分布的地域，也和《史记》《汉书》《魏略》所述差不多的。然则何以见得丁令（丁零、丁灵）就是铁勒（敕勒），也就是高车呢？按《北史·高车列传》："盖古赤狄之余种也，初号为狄历，北方以为高车、丁零。"狄历、丁令（丁零、丁灵），铁勒（敕勒）本是一音之异译，这是很容易见得的。至于高车，则《魏书》说它因"车轮高大，辐数至多"，所以得名。《元史译文证补》引阿卜而嘎锡的话，说它古时尝"侵掠异族，卤获至多，骑不胜负。有部人能制车，车高大，胜重载，乃尽取卤获以返，故以高车名其部"。日本高桑驹吉说："康里"（Kankly）两个字，是土耳其语"车"的意思。然则"高车"两个字，就是后来康里部的"康里"两个字的意译了（高桑驹吉的话，见他所著的《北狄史》。又《元史译文证补》说康里就是康国是错的，看本书第二章第二节自明）。

这种人现在通称为回族，西汉人则称它为突厥人（《元史译文证补》说：“匈奴之后，突厥最盛。突厥既灭，回纥乃兴。今日者，玉关以西，天山南北，悉为回部，无所谓突厥也；而突厥之称，乃独流传于西土。曰突而克，亟读之即突厥曰突克蛮，犹言突厥同类，今法人称土耳其国，音如突而克月，称其人类曰突而克；英人称其国曰突而克以，皆为突厥转音。”按：以下还有一大段，论突厥、回纥的语言文字的，太长，不能备录了，可检阅原书。又按：突而克，中国现在译作土耳其）。然而这都是后起分部的名称，并不是古来全族的通号。《尚书大传》：“北方之极，自丁令北至积雪之野，帝颛顼、神玄冥司之。”可见得“丁令”二字起源之古。据《北史·高车传》，则“丁令”二字是北方人的称呼（这个“北方”二字，大约是指北族），在汉族的正音，则当作“狄历”。“狄历”两个字分明就是一个“狄”字的“长言”。难道古代所谓北狄的“狄”字，本是指这一种人而言之的吗？这个证据还不十分充足，就不敢武断了（匈奴古代本与汉族杂居河域，迁徙到漠南北，是后来的事情，已见于《上古卷》及本书前文。这一说如假定不误，则古代汉族北境就和丁令相接）。

第三节　高车和柔然

丁令的部落分布得如此其广，它的起源如此其早，然而从南北朝以前，却寂寂无闻，这是什么缘故呢？我说就是它部落太多，不能统一的缘故（《北史》说它："无都统大帅，当种各有君长。为性粗猛，党类同心。至于寇难，翕然相依。"要"至于寇难"，才能够"翕然相依"，就可以反证它平时的不能结合）。

丁令部落，在中国历史上最早有些关系的，就是《北史》上所谓高车（高车也是全族的通名，《北史》把高车、铁勒分别为二，非是。但这《北史》所称为高车的一部分，无从替它另定新名，所以仍旧沿用它。读者只要晓得这所用的"高车"二字是狭义就是了）。这所谓高车（狭义的高车），就是丁令部族在匈奴之北的（指旧时匈奴所居之地。这所谓高车，在如今外蒙古北境和西伯利亚南境），《北史》上述它的起源道：

其语略与匈奴同，而时有小异。或云其先匈奴甥也……俗云：匈奴单于生二女，姿容甚美，国人皆以为神。单于曰：吾有此女，安可配人？将以与天。乃于国北无人之地筑高台，置二女其上，曰：请天自迎之。经三年，其母欲迎之，单于曰：不可，未彻之间耳。复一年，乃有一老狼，昼夜守台嗥呼，因穿台下为空穴，经时不去。其小女曰：吾父处我于此，欲以与天；而今狼来，或是神物，天使之然。将下就之。其姊大惊，曰：此是畜生，无乃辱父母。妹不从，下为狼妻而产子。后遂滋繁成国。故其人好引声长歌，又似狼嗥。

说匈奴人筑台于“国北无人之地”，而且它在血统上和匈奴有关系，言语又与匈奴大同，可见得它和匈奴的关系及它所处的地方了。这一部分的丁令，既然和匈奴关系如此之密，它的程度自然应当略高些，然而还不能自行结合。直到柔然侵入漠北，借用其力，才和中国发生直接的关系。这个大约因它所处的地方，太偏于北，还不及漠北的交通频繁，竞争剧烈，所以进化较迟。

柔然的强盛，始于社仑（木骨闾七传）；和魏太武帝同时。屡侵后魏北边。太武帝把他打败，社仑就渡漠击高车，“深入其地，遂并诸部”，于是兵势大振。公元428年，太武自将攻它。时社仑从父弟大檀为可汗，“震怖北走”（柔然所用的，是高车之众；高车之众，是“头别冲突，乍出乍入，不能坚战”的，所以不足以当大敌）。太武北至兔园水（大约是如今的图拉河），降其部众数十万。大檀忧愤而死。后来太武又两次征讨高车，把投降的部众都迁之漠南，也有好几十万。这迁徙到漠南的高车，大约慢慢地就和本在漠南的诸部族同化了。所以后来不听得再有什么举动。至于遗留在漠北的，大约仍隶属于柔然，所以后来柔然得以复振。柔然的复振，在东西魏既分之后。大檀五世孙丑奴，和他的弟弟阿那瓌，相继为可汗，都和东西魏做敌国，到公元552年，才为突厥所破。柔然虽然是鲜卑，然而从拓跋氏南迁之后，漠北不听得再有什么鲜卑的大部落，所以柔然所用的，可决其都是高车之众。然则柔然的盛强，就要算是丁令部族第一次见头角于历史上了。继柔然而兴的，便是突厥。

第四节　突厥的起源

突厥的起源，研究起来，却是一个很有兴趣的问题。按《北史》述突厥起源，共有三说：

一、其先居西海之右，独为部落，盖匈奴之别种也，姓阿史那氏。后为邻国所破，尽灭其族。有一儿，年且十岁，兵人见其小，不忍杀之，乃刖其足，断其臂，弃草泽中。有牝狼，以肉饵之，及长，与狼交合，遂有孕焉。彼王闻此儿尚在，重遣杀之。使者见在狼侧，并欲杀狼。于时若有神物，投狼于西海之东，落高昌国西北山，山有洞穴，内有平壤茂草，周围数百里（《隋书》作“地方二百余里”），四面俱山。狼匿其中，遂生十男。十男长，外托妻孕，其后各为一姓，阿史那即其一也，最贤，遂为君长。故牙门建“狼头纛”，示不忘本也，渐至数百家。经数世，有阿贤设者，率其部落，出于穴中，臣于蠕蠕。

二、或曰：突厥本平凉杂胡，姓阿史那氏。魏太武皇帝灭沮渠氏，阿史那以五百家奔蠕蠕。世居金山之阳，为蠕蠕铁工。金山形似兜鍪，俗呼兜鍪为突厥，因以为号。

三、又曰：突厥之先，出于索国；在匈奴之北。其部落大人曰阿谤步，兄弟七十人。其一曰伊质泥师都，狼所生也。阿谤步等性并愚痴，国遂被灭。泥师都既别感异气，能征召风雨。娶二妻，云是夏神冬神之女。一孕而生四男：其一变为白鸿；其一国于阿辅水、剑水之间，号为契骨；其一国于处折水；其一居跋斯处折施山，即其大儿也。山上仍有阿谤步种类，并多寒露。大儿为出火温养之，咸得全济。遂共奉大儿为主，号为突厥，即纳都六设也。都六有十妻，所生子皆以母族姓，阿史那是其小妻之子也。都六死，十母子内欲择立一人。乃相率于大树下共为约，曰：向树跳跃，能最高者，即推立之。阿史那年幼，而跳最高，诸子遂奉以为主，号阿贤设。

又《元史译文证补》卷一，译拉施特《蒙古全史》，述蒙古种族的起源道：

相传古时蒙古与他族战，全军覆没，仅遗男女各二人，遁入一山，斗绝险巇，唯一径通出入，而山中壤地宽平，水草茂美，乃携牲畜辎重往居。名其山曰阿儿格乃衮。二男：一名脑古，一名乞颜；乞颜义为奔瀑急流，以其膂力迈众，一往无前，故以称名。乞颜后裔繁盛，称之曰乞要特；乞颜变音为乞要，曰“特”者，统类之词也。后世地狭人稠，乃谋出山，而旧径芜塞，且苦艰险。继得铁矿，洞穴深邃，爰伐木炽炭，篝火穴中，宰七十牛，剖革为筒，鼓风助火，铁石尽熔，衢路遂辟，后裔于元旦锻铁于炉，君与宗亲，次第捶之，著为典礼。

这一段话，和《北史》突厥起源的第一说，极其相类。洪文卿说：恐是蒙古“袭突厥唾余，以自述先德”。但是蒙古为什么要拾突厥的唾余，以自叙先德呢（当蒙古盛时，突厥也是个被征服的种族）？我再三考校，才晓得蒙古本是室韦、突厥的混种（这个且待后来再说）。这一段话，定是《北史》第一说的传闻异辞。

就这几种说法看起来，其中有许多同点：一、突厥是狼种（《北史》第一、第三两说）。二、突厥姓阿史那氏（《北史》三说都同）。三、突厥有十姓，阿史那是其一（《北史》

第一、第三两说）。四、突厥先世，尝为他族所灭（《北史》第一、第三两说和《蒙古全史》），遁入一山（《北史》第一说和《蒙古全史》）。五、始出此山的人，为阿贤设（《北史》第一、第三两说）。六、突厥人长于锻铁（《北史》第二说和《蒙古全史》）。七、纳都六设的“设”字，是突厥“别部典兵者”之称（《唐书·突厥传》）。“纳都六”三字，就是脑古的异译。八、蒙古的始祖，《蒙文秘史》名孛儿帖赤那，“孛儿”，译言“苍”，“帖赤那”，译言“狼”。阿史那、泥师都，都是帖赤那的异译。

这种传说，似乎荒唐，然而突厥牙门建狼头纛；突厥可汗，每岁率重臣，祭其先窟。西突厥也岁使重臣，向其先世所居之窟致祭。又拉施特“身仕宗藩之朝，亲见捶铁典礼”，断不能指为虚诬。然则突厥的起源，一定就要在这几种神话里头讨消息了。这讨消息的法子怎么样？我说仍不外乎考求它的地理。突厥先世所居的山：据《北史》第一说，在西海之东，高昌国西北；第二说是金山之阳；第三说，山名跋施处折施，不曾说它所在的地方，但和阿辅水、剑水，总不得十分相远。剑水，便是后世的谦河，在唐努乌梁海境内。据《蒙古全史》，山名阿儿格乃衮，也不曾说它所在的地方。我说突厥先世为他族所灭，就是魏太武灭沮渠氏的事实。这时候，突厥在平凉境内，大约也受过兵灾，于是逃到一座山中。这座山就是所谓跋施处折施（也就是所谓阿儿格乃衮），其位置，在高昌国的西北，金山之阳，和所谓谦河相距并不甚远。我何以敢断定突厥先世为他族所覆灭，就是魏太武灭沮渠氏的事情呢？因为这种游牧部落，它所记的神话并不能很远（试看高车的神话，也不过托始于“匈奴既在漠北之后”可知）。若说它荒诞不中情实，那更不必疑心。请看一看《新唐书》的《回纥传》，回纥是怎样灭亡的，再看一看《元史》的《巴而术阿而忒的斤传》，他们自己却说成一件什么事情，就可知道了。

然则突厥也是在近塞地方，文化程度比较高一点，所以能用铁勒之众的。

第五节　突厥的盛强和隋朝与突厥的交涉

突厥之强，起于土门。土门部众渐盛，始和后魏通商。公元552年，土门攻柔然，大破之。柔然可汗阿那瓌自杀。土门于是自立为伊利可汗。伊利可汗卒，子科罗继之。科罗卒，弟木杆可汗立。西南破嚈哒（见本书第十四章第二节），西北服结骨（见《近古卷》第二章第二节），北服铁勒诸部，东北服宝带（见《近古卷》第七章第一节）、靺鞨（见《近古卷》第五章第一节），东南服奚、契丹（见《近古卷》第三章第二节）。于是突厥的疆域，北包西伯利亚，东北至满洲，西接罗马，西南包俄领中央亚细亚，开北族未有之盛。木杆可汗卒，弟佗钵可汗继之。这时候，周、齐分争，彼此都怕突厥和敌人结好，争“结婚姻，遗缯帛”，以买他的欢心。于是佗钵大骄，道：“使我在南两儿孝顺，何忧贫也。”北齐灭亡之后，突厥拥立了文宣帝的儿子范阳王绍义。周人把宗女千金公主嫁给他，才把绍义执送。佗钵可汗死，继立的名沙钵略可汗。沙钵略可汗时，周亡隋兴。沙钵略又师佗钵的故知，助周营州刺史高宝宁为寇。先是周臣长孙晟，替周人送千金公主于突厥，对于突厥的内情颇为熟悉。隋文帝用他的计策，离间了木杆可汗的儿子阿波可汗，和其主西方的达头可汗（突厥分部的酋长，也称可汗，其共主则称大可汗）和沙钵略构兵，突厥于是分为东西。沙钵略乃请和。千金公主改姓杨氏，封为大义公主。沙钵略死后，弟莫何可汗继之。擒获阿波。莫何死，沙钵略之子都蓝可汗立。大义公主又煽惑他犯边。隋文帝又用长孙晟的计策，煽惑了都蓝的兄弟突利可汗（突厥主东方的，总称为突利可汗。这个和后来颉利可汗的兄弟，同称号而非一人），叫他构杀大义公主。就故意把宗女安义公主嫁给突利可汗，而不许都蓝尚主，以挑动都蓝之怒。都蓝果然大怒，发兵攻突利可汗，破之。突利逃奔中国，隋朝处之夏、胜二州之间（夏州，在如今陕西横山县北，胜州在鄂尔多斯左翼后旗——

编者注：今为达拉特旗），封他为启民可汗。这时候，安义公主已死，又把义成公主嫁给他。都蓝死后，突厥内乱，启民靠着隋朝的援助，尽有其众。西突厥自阿波被擒后，子泥利可汗，继主部众。泥利死后，子泥撅处罗可汗继之，不善抚御，部下反叛，也入朝于隋。于是周齐以来北方的强敌，就算给隋朝的外交政策战胜——然而这种手段，毕竟是卑劣的，所以也不能持久。

第六节　朝鲜半岛三国和中国的关系

同隋朝有关系的，还有一个高句丽。如今也得叙述一叙述它的起源。

从汉武帝灭卫氏，分置四郡后（昭帝时，临屯废入乐浪，真番废入玄菟。公孙度又分乐浪南境置带方郡；晋时俱属平州），朝鲜半岛的北部就入于中国的版图。然而悬隔东北，中国的实力，究竟不及它，于是貉族的势力，就乘机侵入。

貉族的起源，已见《上古卷》第六章第三节和本书第四章第三节。从汉武帝平定朝鲜之后，濊貉分为两支：一支入朝鲜半岛东部的，号为东濊，也称不耐濊（不耐，汉乐浪郡属县，东部都尉治）。其留居旧地的为夫余国。后汉光武时，始通中国。晋初，为慕容廆所破（公元285年），晋人援之复国（公元

286年）。其后事，遂不复见于中国史上。据《朝鲜历史》所记载，则夫余尝分为二：中国历史上所载，为北夫余；别有一支，移居于加叶原（在如今沿海州境内），谓之东夫余（后降于高句丽）。北夫余王慕漱，和部酋河伯之女柳花私通，生子名朱蒙。南走至忽本（亦作卒本，在如今兴京县境），自立一国，号为高句丽，以高为氏，是为东明圣王，都沸流山上（林泰辅说：佟家江的支流富尔沟，就是古时的沸流水，山当在其附近）。时公元前58年（汉宣帝神爵四年）。东明圣王卒，子琉璃明王类利立。先是北夫余王优台，娶忽本人女召西奴，生了两个儿子：一个唤作沸流，一个唤作温祚。优台死后，召西奴转嫁东明圣王，沸流、温祚，也都相随而来。琉璃明王立后，"沸流兄弟郁郁，自视如赘疣"。于是与其臣十人南走，温祚立国于北汉山下，是为北慰礼城（在如今汉城——编者注：今韩国首尔——之北）。以有十臣相辅，号为十济。后来又以百姓乐从，改号为百济。时公元前18年（汉成帝鸿嘉三年，沸流立国海滨，民不乐从，郁郁而死。北夫余得晋援复国，后为靺鞨所逼，也降于高句丽。以上据朝鲜金泽荣《韩国小史》，兼参考日本人林泰辅《朝鲜通史》。朝鲜史籍所载高句丽百济开国的事情，也和中国《后汉书》《晋书》《南史》《北史》《隋书》所载无大出入，不过事实略为完备些罢了。朝鲜半岛详备的史事，也起于中国唐以后高句丽、百济，还是文献无征的）。

同时又有起于朝鲜半岛南部的，是为新罗及驾洛（《魏书》称为迦罗）。按：三韩部落，也已见于本书。三韩之中，以马韩为最大。箕準给卫满杀败之后，逃到马韩之中称王。又传了九世，到公元8年（王莽篡汉这一年），才给百济灭掉。先是秦始皇时候，中国人避苦役出塞的，和辰韩杂居，谓之秦韩（亦称为辰韩，而分别本来的辰韩，谓之辰韩本种）。其众分为六村，有一个人，姓朴，唤作赫居世。为六村所服，推为共主（同高句丽立国同年），居于金城（如今的庆州），是为新罗（初名徐罗伐，后改难林，晋惠帝时，才改称新罗）。又有少昊金天氏之后八人，从中国的莒县（西汉属城阳，东汉属琅邪，如今仍称莒县，属山东），迁徙到辰韩（后人称其地为八莒，如今朝鲜的星州）。他的后人金首露，以公元42年，受弁韩九干（“干”，弁韩酋长之称）的推戴，立国，是为驾洛，传八世，到公元531年（梁武帝中大通三年），才降于新罗（此节也据《韩国小史》）。以上所说的话，固然未必十分可信，然而朝鲜半岛的南部（三韩），是由汉族开发，却是无可疑的。

高句丽的初兴，在鸭绿江支流浑河流域。琉璃明王，从沸流山迁居国内（在如今桓仁县境）。八传到山上王延优，又迁都丸都（在如今辑安县境）。对于辽东，时有骚扰。公元246年，魏幽州刺史毌丘俭，攻破丸都。山上王的儿子东川王优位居，迁居平壤。四传到故国原王钊，又迁都丸都。这时候，慕容皝做了晋朝的平州刺史。公元342年，攻破丸都；虏钊母妻，而且掘其父墓，载其尸而还。故国原王卑辞求和，乃还其父尸。高句丽自此不敢再为侵寇，又四传到广开土王谈德。南伐百济，取城五十八，村七百（见《好太王碑》）。又救新罗，败百济日本的联合兵。这时候慕容氏入据中国，高句丽乘势，尽取辽东之地，国势大振。

百济从灭掉箕氏之后，迁都四沘（如今的夫余），尽并马韩之地。与新罗时相攻伐。高句丽强盛之后，新罗百济尝联合以御之。先是日本九州地方的熊袭人，尝靠新罗做声援。公元200年，日本仲哀天皇伐熊袭，卒于军。他的皇后（神功皇后，中国历史上叫她作卑弥呼）乔装男子，渡海攻新罗。新罗人不能御，进金帛八十艘请和。于是日本于弁韩故地开任那府（如今庆尚道洛东江以东之地），派兵戍守。南北朝以后，新罗渐强。公元562年（陈文帝天嘉三年），夺取日本的任那。日本屡出兵攻新罗；百济妒忌新罗的强盛，也反与高句丽联盟，于是新罗势孤，不得不乞援于中国；就酿成了隋唐时代，中国和朝鲜半岛的交涉。

但是当隋朝时候，这种复杂的关系还没有发生。隋朝的用兵于高句丽，纯粹因它侵犯中国而起。公元598年，高句丽婴阳王元（广开土王七传），率兵侵犯辽西。隋文帝遣汉王谅率师击之，遇水潦，馈运不继，不利而还。高句丽因此益骄。

第七节 隋唐的兴亡

隋文帝时候，天下畜积之多既如前述；而且这时候，绥服了北方一个强敌，并不曾动什么干戈；论理，这时候的中国，大可以希望太平。然而这种基业，到炀帝手里，竟都败坏掉了。

隋文帝的废太子勇而立炀帝，读史的人，都以为失策。然而太子勇是个什么样人？立了他，又有什么好处？我说：这时候还承南北朝的余风，太子勇是北齐文宣帝一流人，炀帝是陈后主一流人，都是当时社会的产物——既然要行“君主世袭”之制，这种事情，是无可奈何的［隋文帝废勇立广的事情，可自把《隋书》或《通鉴纪事本末》……参考。这一类事情（显著而容易查检的），本书实因限于篇幅，不能详举了］。

隋炀帝的贻害于天下，可以总括为“务巡游”和“事四夷”两件事情。属于前一项显著的，便是：

1. 以洛阳为东都，大营宫室。

2. 开通济渠，自西苑引谷、洛二水，以达于河；又自河入汴，自汴入淮，以接江淮间的邗沟。又开江南河，从京口达余杭（如今浙江的余杭县——编者注：今为杭州市余杭区）。

3. 开永济渠。引沁水，南通黄河，北至涿郡（如今的京兆——编者注：今属北京市境）。

4. 治驰道，自太行抵并州，由榆林以达于蓟。

属于后一项的是：

1. 北巡，幸启民可汗帐，赏赐不可胜计。

2. 诱西突厥献地，设西海、河源、鄯善、且末四郡（西海，就是如今的青海。河源，是指黄河下源。鄯善、且末，都是汉时西域国名）。谪罪人以戍之，转输巨万，于是西方先困。

3. 使裴矩招致西域诸胡入朝（参看本书第二章第二节），所过郡县，供帐极其劳费。

4. 而其骚动全国的，尤在东征一役。帝征高句丽王元入朝，不至。公元611年，征天下兵会涿郡，以伐高句丽，明年，攻辽东，不克。而将军宇文述，又以九军大败于萨水（如今朝鲜的大宁江），损失巨万。公元613年，再征天下兵会涿郡，杨玄感督运黎阳，举兵反，乃还师（遣兵击杨玄感，玄感败死）。公元614年，再征天下兵会涿郡，时天下已乱，所征兵多不至；高句丽亦困弊请和，于是掩耳盗铃，受其降而罢兵。

炀帝的无道，是人人所知开运河一事，或有人替他辩护，说于调和南北的文化有益。然而开运河，用不着“坐龙舟”游玩。炀帝的开运河，和汉武帝的“事四夷”一样，所做的事情，虽不能说全然无益，然而以如此“劳费”，致如此“效果”，总是极不经济的，而且他做事的动机，全没有福国利民的思想，所以就他的行为而论，毕竟是功不抵罪的。

天下搅得如此，自然有许多人纷纷而起。于是：

窦建德据乐寿（如今直隶的献县——编者注：今为河北献县）。

翟让、李密同起兵，后来李密杀掉翟让，据洛口（在如今河南的巩县——编者注：今为巩义市，隋于此置仓）。

徐圆朗据鲁郡（如今山东的滋阳县——编者注：今为河北行唐县）。

刘武周据马邑（如今山西的马邑县——编者注：今属朔州市）。

梁师都据朔方（如今陕西的横山县——编者注：今属榆林市横山区）。

薛举据天水。

李轨据武威。

萧铣据江陵。

林士弘据鄱阳（如今江西的鄱阳县）。

朱粲据南阳。

杜伏威据历阳（如今安徽的和县）。

李子通据海陵（如今江苏的泰县——编者注：今为泰州市）。

陈棱据江都。

沈法兴据毗陵（如今江苏的武进县——编者注：今为常州市武进区）。

公元615年，炀帝北巡，至雁门，为突厥始毕可汗（启民的儿子）所围，援至乃解。明年，再造龙舟如江都，见中原已乱，无心北归，而从驾的将士，都是北方人，宇文化及（宇文述的儿子）等因之作乱。公元618年，弑炀帝，立秦王浩（炀帝弟秦王俊的儿子），拥众北归，隋将王世充，立东都留守越王侗，和李密相持。听得化及北归，忙和李密联合，叫他把化及堵住。化及就弑杀秦王，自称许帝。后为窦建德所杀。

唐高祖李渊，本是隋朝的太原留守。公元617年，起兵。攻破长安，奉西京留守代王侑为帝。明年，就废代王而自立。先平定薛仁杲（薛举的儿子）、李轨，灭掉刘武周。这时候，河北全为窦建德所据；河南则王世充和李密相持。世充杀败李密，李密降唐。又借名收抚山东，出关要图自立，为唐将盛彦师所邀斩。世充于是弑越王侗，自称郑帝。公元621年，唐秦王世民攻王世充，围洛阳。世充求救于窦建德，建德发兵来救，世民据虎牢迎击，大破之，生擒建德，世充乃降。明年，建德旧将刘黑闼复叛，徐圆朗先已降窦建德，建德亡后，降唐，及是也叛应之。为唐太子建成所破，于是北方略平。南方唯萧铣所据的地方最大。灭王世充这一年，也给李靖灭掉。林士弘先已为萧铣所逼，退保余干（如今江西的余干县），未几而死，其众遂散。朱粲降唐复叛，也给唐朝灭掉。江淮之间，杜伏威最强。陈棱、沈法兴，都给李子通灭掉，李子通又给杜伏威灭掉，杜伏威入朝于唐，于是南方也平定。

北边则高开道为其下所杀。刘武周将苑君璋据马邑，降突厥，后见突厥政乱，亦来降。公元628年，讨平梁师都，天下就大定了。

隋系图

（一）文帝杨坚——（二）炀帝广——昭——（三）恭帝侑
└（四）恭帝侗

第十四章　唐朝的初盛

第一节　唐太宗灭突厥

唐高祖的得天下，大半由于秦王世民之力，而即位之后，却立建成做太子，于是有“玄武门之变”。高祖传位于世民，是为太宗（玄武门之变，可用《通鉴纪事本末》参考。然而这件事情的真相，是不传的）。

唐太宗是一个贤主，历史上称他勤于听政，勇于纳谏，能用贤相房玄龄、杜如晦，直臣魏徵。在位之时，天下太平，百姓安乐，至于“行千里者不赍粮”“断死刑仅三十九人”这种话，虽然不免有些过情，而且未必合于事实（譬如，断死刑之所以少，一定是由于官吏希旨，粉饰太平，这是可以推想而得的），然而“贞观之治”，总要算历史上所罕见的了。唐朝的治法，是集魏晋南北朝的大成，这个且待第十五章里再讲。而唐朝一朝，和域外诸民族，关系尤大。现在且述个大略。

唐朝的对外，最重要的还是和北族的关系。突厥启民可汗死后，子始毕可汗立。部众渐强。这时候，又值中原丧乱，边民避乱的，都逃奔突厥。于是突厥大盛，控弦之士数十万。割据北边的人，都称臣于突厥。唐高祖初起，也卑辞厚礼，想得它的助力。然而却没得到它多少助力。天下已定之后，待突厥还是很优厚的。然而突厥反格外骄恣。大抵游牧民族，总是“浅虑”而“贪得无厌的”。而且这种人所处的境遇，足以养成他“勇敢”“残忍”的性质。所以一种“好战斗”的“冲动”，极其剧烈。并不是一味卑辞厚礼，就可以和他“辑睦邦交”的。而且一时代人的思想，总给这个时代限住，这也是无可奈何的事。“前朝的遗孽，想倚赖北族，北族也把他居为奇货。”这种事情，“齐周”“周隋”之间，已经行过两次了，已经行之而无效的了。然而隋唐之际，还是如此。突厥内部，有个义成公主，煽惑他犯边。而外面却也有个齐王暕，可以给他利用。始毕死后，弟处罗可汗立。处罗死后，弟颉利可汗立。从启民到颉利四代，都妻隋义成公主（这是北族的习惯如此）。到颉利，就迎齐王暕，置之定襄（在如今山西平鲁县的西北——编者注：今为朔州市平鲁区）。没一年不入寇，甚至一年要入寇好几次，北边几千里，没一处不被其患。高祖几乎要迁都避他。而唐朝对待他的法子，也还是抄用隋朝的老文章，这个真可谓极天下之奇观了。处罗可汗的儿子，主治东方，仍称为突利可汗。太宗和他，本来是认得的，于是设法离间他。而颉利这时候，又失掉铁勒的心。北方的铁勒，一时叛他，推薛延陀回纥为主。而国内又遇着天灾，于是国势大衰。公元629年，颉利拥众漠南，想要入寇。太宗遣李靖等分道伐他。李靖袭破颉利于铁山（在阴山之北），颉利遁走，为唐行军总管张宝相所擒。于是突厥之众，一时奔溃。也有北降薛延陀的，也有西走西域的，而来降的还有十几万。太宗初时，想把它处之塞内，化作中国人（当时魏徵主张把它迁之塞外，温彦博主张把它置诸中国，化作齐民。辩论的话，具见《唐书·突厥传》。太宗是听温彦博的话的。著《唐书》的人，意思颇有点偏袒魏徵。然而温彦博的话，实在不错。唐朝到后来，突厥次第遣出塞外，而且不甚能管理它，仍不啻实行魏徵的政策。然而突厥接连反叛了好几次，到默啜，几乎恢复旧时的势力，边患又很紧急，这都是“放任政策”的弊病——“唐朝驾驭突厥的政策，和它的效果”，这件事情，颇有关系，可惜原文太长，不能备录。读者诸君，可自取《唐书》一参考）。后来见它不甚妥帖，才用突厥降人萧思摩为可汗，叫他还居河北。这时候，薛延陀的真珠可汗，已徙居突厥故地（真珠可汗，名夷男。突厥还没灭亡的时候，太宗就册封他做可汗，以“树突厥之敌”。突厥灭后，就徙居突厥故地），形势颇强。萧思摩不能抚驭，依旧逃归中原。公元644年，真珠可汗卒，子拔灼立。薛延陀内乱，太宗趁势又把它灭掉。于是回纥徙居薛延陀故地。铁勒的强部，本来只有薛延陀和回纥，薛延陀既亡，回纥还没强盛。对于中原，奉事惟谨。于是北方的强敌，又算暂时除掉。

至于西突厥，则到高宗手里，才给唐征服的，见下节。

第二节　藏族的兴起

唐朝所谓西域，和汉朝的情形又大不相同了。后汉和西域的交通：葱岭以西，从永初以后就绝掉；葱岭以东，直到桓帝延熹以后才绝（参看本书第七章第二节）。两晋时代，只有苻坚盛时，曾命吕光征服西域，也只及于葱岭以东（详见《晋书·吕光载纪》和西域诸国的传）。后魏到太武时，才和西域交通，兼及于葱岭以西［当时西域分为四域：“葱岭以东、流沙以西为一域”，这就是本书第四章第二节所说“狭义的西域”。“葱岭以西、海曲以东为一域”，是如今的伊兰高原。

“者舌以南（详见《元史译文证补》二十七上）、月氏以北为一域”，是如今吉尔吉思旷原之地。“两海之间、水泽以南为一域”，是如今俄领土土耳其斯坦之地。其详可参考《北史》］。然而后魏和西域，没有多大的关系。隋炀帝时，曾招致西域诸国入贡，共四十余国。惜乎当时的记录，多已失传，所以“史不能记其详”。总之，中国和西域的关系，汉朝以后，是到唐朝才密切的。

要晓得魏晋以后西域的情形，就得晓得月氏和嚈哒。月氏，已见本书第四章第一节。它从占据大夏故地之后，东西域算作大国，文明程度也颇高。中国的佛教，就是从月氏输入的。到西元5世纪后半（公元551年—公元600年。梁简文帝大宝二年，至隋文帝开皇二十年），才给嚈哒所破，支庶分王，便是《唐书》所谓昭武九姓［《北史》：“康国者，康居之后也……其王本姓温，月氏人也。旧居祁连山北昭武城，因被匈奴所破，西逾葱岭，遂有国。枝庶分王。故康国左右诸国，并以昭武为姓，示不忘本也。”《新唐书》：“康者……君姓温，本月氏人。始居祁连北昭武城，为突厥所破，稍南依葱岭，即有其地。枝庶分王；曰安，曰曹，曰石，曰米，曰何，曰火寻，曰戊地，曰史，世谓九姓。皆氏昭武。”按：康居没有住过祁连山北，月氏西徙，也远在突厥勃兴以前。《北史》说康国是康居之后，明系误谬。《新唐书》“为突厥所破”，突厥也明系匈奴之误。月氏为嚈哒所破，中国史不载其事，西洋史也不详。但月氏西徙以后，分其国为五部翕侯，后来贵霜翕侯并四部为一，明有一统一的共主。照《北史》《新唐书》所载，只有枝庶分王，明是统一政府给嚈哒灭掉以后的情形。康国，亦称萨末鞬，又作飒秣建，元魏称悉万斤，就是如今的撒马儿干。安，又称布豁，亦作捕喝，就是如今的布哈尔。东安，亦称小安，又称喝汗，在安东北四百里。曹，又称西曹，亦称劫布咀那，在米国之北，西三百余里而至何国。东曹，亦称率都沙那，又作苏对沙那，苏都识匿，北至石，西至康，皆四百里。中曹，在康之北，西曹之东。石，亦称柘支，又作柘析，又作赭时，就是如今的塔什干。米，又称弥末，又作弭秣贺，北距康百里。何，亦称屈霜你迦，又作贵霜匿，在劫布咀那西三百余里。火寻，亦作货利习弥，又作过利，就是后来的花剌子模。戊地，《大唐西域记》作伐地，在布豁西四百余里。史，亦称佉沙，又称羯霜那。南有铁门山，就是《明史》所谓渴石，如今的加尔支。以上昭武九姓诸国释地，据《新唐书·西域传》，参照《元史译文证补》和近人丁氏谦的《大唐西域记地理考证》。《北史》又有乌那遏，都乌浒水西（如今的阿姆河）。东北去安四百里，西北去穆二百里。又有钹汗国，《新唐书》作宁远，都葱岭之西五百余里。东距疏勒千里，西去苏对沙那，西北去石国，各五百里，国王也都姓昭武。又《北史》另有大月氏国，都剩盐氏城，小月氏，都富楼沙城。总而言之，月氏虽为嚈哒所破，以至土崩瓦解，然而枝庶分王，依旧到处都是，实在还不止《新唐书》所载昭武九姓。诸国的全亡，当在大食东侵以后，史书阙略，无可详考了］。然则嚈哒又是什么呢？

“西藏古时候唤作什么？”“就是唐朝的吐蕃。”这种问答，是很容易得到的，是人人以为不错的，然而实在太粗略了些。按《新唐书》：

吐蕃，本西羌属……居析支水西。祖曰鹘提勃悉野，健武多智，稍并诸羌，据其地。蕃、发声近，故其子孙曰吐蕃，而姓勃窣野。或曰：南凉秃发利鹿孤之后，二子：曰樊尼，曰傉檀，傉檀嗣，为乞佛炽磐所灭。樊尼挈残部臣沮渠蒙逊，以为临松太守。蒙逊灭，樊尼率兵西济河，逾积石，遂抚有群羌云。

这两说，都说吐蕃就是羌。如今的藏族，和历史上的羌人有一个大异点。便是藏族是“一妻多夫”，羌人是“一夫多妻”。然则为什么历史上“一妻多夫”的种族，不把它算作藏族的祖宗，反要拉一个“一夫多妻”的羌人呢？

如今的海藏高原，在地文地理上，可以分作四个区域。

1. 后藏湖水区域（其地高而且平）。

2. 前藏川边倾斜地（雅鲁藏布江以东，巴颜哈喇山脉——编者注：今作巴颜喀拉山脉以南，大庆河以西，诸大川上游的纵谷。兼包四川、云南的一部）。

3. 黄河上游及青海流域。

4. 雅鲁藏布江流域（喜马拉雅山、冈底斯山两山脉之间）。

2、3都是羌族栖息之地。4是吐蕃发祥之地。1就是藏族的居地了。藏族见于历史上的，凡三国，都有“一妻多夫”的风习的：一是嚈哒，一是女国［《新唐书》作东女（对于西女而言之。“西北距拂菻西南际海岛，有西女……拂菻君长，岁遣男子配焉。俗产男不举。”亦见《唐书》），又称苏伐剌拏瞿呾罗（《西域传》同）。《大唐西域记》又云：其地在大雪山中，北距于阗，东接吐蕃，正是如今后藏之地。女国的结果，《新唐书》本传不详，《南诏列传》南诏给韦皋的信，有“西山女王，见夺其位”两句，可见女国系为吐蕃所灭］，一是《新唐书·南蛮传》中的名蔑（原文云“其人短小，兄弟共娶一妻。妇总发为角，辨夫之多少”）。而嚈哒最大。

嚈哒的事迹，中史阙略，西史也不详，但约略晓得西元5世纪中，是嚈哒的全盛时代。它的疆域，西至波斯，东至天山南路。都城在吐火罗，就是如今波尔克。《北史》把吐火罗嚈哒分作两国，是误谬的（据丁氏《大唐西域记地理考证》，《南史》“滑国，车师别种”，《北史》“大月氏之种类，亦曰高车之别种”，都是误谬的）。嚈哒盛强的时候，曾征服西北两印度。公元522年顷，北印度乌苌国，有超日王出，把嚈哒逐之境外；而突厥亦兴于北方，攻击嚈哒；嚈哒腹背受敌，公元562年顷，国遂分崩，突厥代领其地。

以上是葱岭以西的情形；葱岭以东，从后汉以后，诸小国就开了一个互相吞并的局面，其兴亡不甚可考。到唐时，高昌、焉耆、龟兹、于阗、疏勒，五国较大（高昌，就是汉朝车师之地，其王是中国人。详见《晋书》和《北史》，兹不备举），也役属于西突厥。唐太宗时候，对于高昌、焉耆、龟兹三国，都用过兵。初设安西都护府于高昌，后来徙治焉耆。这时候，葱岭以东，要算绥服，到公元653年，高宗灭掉西突厥，把西突厥的属地，都分置羁縻府州。西至波斯，唐朝对于西域的威声，这时候要算极远了。

第三节　印度阿利安人入藏

如今要说到吐蕃了。讲吐蕃人的历史，自然要以吐蕃人自述的话为据。《蒙古源流考》一书，是蒙古人既信藏传佛教之后，把旧有的《脱卜赤颜》，硬添上一段，算是蒙古人系出吐蕃王室的（参看《近古卷》第七章第一节）。拿来讲蒙古的历史，极不可靠；却是其中述吐蕃王室的来历，都是吐蕃人自己说的话。据原书（原书文理极劣，且全录太繁，所以加以删润）：

巴特沙拉国乌迪雅纳汗生一子；善占之“必喇满”占之，曰：此子克父，必杀之。而锋刃利器，皆不能伤，乃贮以铜匣，弃之恒河中。外沙里城附近种地之老人，见而收养之。及长，告以前事；此子遂向东方雪山而去。至雅尔隆赞，唐所有之四户塔前，众共尊为汗；时岁次戊申，戊子后一千八百二十一年也。是为尼雅特赞博汗。胜四方部落，为八十八万土伯特国王。传七世，至智固木赞博汗（按：“赞博”，都是“赞普”的异译），为奸臣隆纳木所弑。其长子置特，逃往宁博地方。次子博啰咱，逃往包地方。三子布尔特齐诺，逃往恭布地方（一本作恭博。按：这个人，就是后文硬把他算作蒙古的始祖的），隆纳木据汗位一载，旧日数大臣诛之；迎立博啰咱，是为六贤汗之首。六贤汗后，又传衍庆七汗，妙音七汗，而至名哩勒丹苏隆赞。名哩勒丹苏隆赞，以丁丑年生，实戊子后二千七百五十年。二十三岁，己丑，即汗位。

名哩勒丹苏隆赞，就是《唐书》的弃宗弄赞。即位之年，岁在己丑，是唐太宗贞观三年（公元629年）。生年丁丑，应当是隋炀帝的大业十三年（公元617年）。这一年是戊子后2750年，则尼雅特赞博汗始王土伯特的戊申，是周赧王的二年了（公元前313年）。《源流考》的世次年代，固然全不可据。然而这所谓土伯特，如今西藏人自称，还是如此（异译作唐古特、图伯特）。“土伯”二字，就是吐蕃的对音（“蕃”读如“播”。“特者，统类之词”，见上章第四节引拉施特《蒙古全史》）。所谓恒河、雪山（喜马拉雅山）都在印度地方。和如今研究“西藏学”的人说“西藏地方的贵种是印度阿利安人，由喜马拉雅山峡路，迁入西藏”的话也相合。然则所谓土伯特，就是我“上节所说藏族”的名称。至于吐蕃的王室，自出于巴特沙拉国，并不是土伯特。

然则，藏族的“藏”字又是从何而来的呢？我说这就是“羌”字。“羌”“藏”，古都读如“康”。到“羌”字的读音改变，就写作“藏”字；“藏”字的读音又变，就又写作“康”字了。土伯特本只占领后藏高原的地方；从印度迁入的阿利安人（和吐蕃王室同族），更只占领雅鲁藏布江流域。自此以外，前节所举的2、3两个区域，都是羌人分布的地方。汉时的所谓羌人，据地本在青海和黄河上游流域，已见本卷第九章第一节。这一带地方，到晋朝时候，为鲜卑、吐谷浑所据（吐谷浑是慕容廆的庶兄。和廆不睦，西徙附阴山。后来逐渐迁徙，而入于如今的青海地方。他的子孙，学中国“以王父字为氏”的例，就把“吐谷浑”三字，做了国名。详见《晋书》《南史》《北史》），羌人都被他征服。其独立的部落，还有宕昌（《北史》：“在吐谷浑东，益州西北。”）、邓至［在平武（如今四川的平武县）以西，汶岭（岷山）以北］、党项［东接临洮（如今甘肃的岷县）、西平（如今甘肃的西宁县——编者注：今为西宁市），西拒叶护——指突厥的辖境而言］，都是在岷山以北的。其岷山以南，诸大川的上游，则有嘉良夷、附国、薄缘夷等（《北史》：“嘉良有水，阔六七十丈；附国有水，阔百余丈；并南流，用皮为舟而济。”应当是如今的鸦龙江和金沙江。“附国南有薄缘夷……西有女国。其东北连山绵亘数千里，接于党项，往往有羌。”女国在如今的后藏，女国东北的山，应当是长江、怒江之间的山了。此外《北史》和《唐书》，所载琐碎的名字还很多，今不具举）。都在“深山穷谷，无大君长”。所以吐蕃强盛以后，就都为所役属。

从印度侵入的阿利安人，因为做了土伯特王，就改称土伯特（吐蕃），而它种族的本名遂隐。吐蕃王室强时，羌人都被它征服，和唐交涉，都是用吐蕃出名，“羌”字的名词，就暂时冷落。但是羌人毕竟是一个大种族，它所占据的地方也很大，这“羌”字的名词，毕竟不会消灭的。到后世同中国交涉，就又用“羌”字出名。

但是这时候，“羌”字的读音已经改变了；就照当时的口音，把它译作“藏”字。到后来，“藏”字的读音又改变了，于是“藏”字又变作地理上的名词，而向来“译作‘羌’字、‘藏’字的一个声音”，又照当时的口音，译作“康”字。于是把西藏一个区域，分作康、藏、卫三区，而“康”字、“藏”字，遂同时并行，变作地理上的名词。如果推原其始，则有“一妻多夫的风习”的这一个民族，应当正称为土伯特（吐蕃），不得借用“藏”字。从印度侵入的这一支人，更应当加以区别，或称作“吐蕃王室”，或称作“阿利安族”；现在一概称为藏族，不过是随俗的称呼，学术上精密研究起来，这种笼统的名词是不能用的。“现在的所谓藏族”，依我剖解起来是如此，不知道对也不对，还望大家教正。

羌族和土伯特所处的地方，都是很瘠薄的，所以文明程度不高。吐蕃王室，从印度侵入，它的文明程度，自然要高些，所以就强盛起来了（吐蕃的信史，就起于名哩勒丹苏隆赞，以前的世次，都是不足信的）。唐太宗时，吐蕃因求“尚主”不得，曾经一攻松州（如今四川的松潘县），太宗派侯君集把它打败，但是旋亦许和，把宗女文成公主嫁他。这位文成公主，和吐蕃的开化大有关系（如今西藏人还奉祀她）。文成公主好佛，带了许多僧侣去；弃宗弄赞又打破泥婆罗（如今的廓尔喀），娶了他一个公主；这位公主，也是好佛的；吐蕃从此才信奉佛教，而且派人到中国（唐朝）、印度留学，定法律，造文字；也都见《蒙古源流考》（弃宗弄赞，可认为是一个热心文化的人。后来吐蕃和唐构兵，都是弃宗弄赞死后专兵权的大臣所为。弃宗弄赞对唐，始终很为恭顺。看《唐书》本传自知）。

因为和吐蕃交通，而唐的国威就宣扬于印度，这也是一件偶然的事情。这时候玄奘游历到印度，对乌苌国的尸罗逸多王陈述“太宗神武，中国富强”。尸罗逸多便遣使交通中国。公元648年，尸罗逸多死了，其臣阿罗那顺自立。中国使者王玄策适至，阿罗那顺发兵拒击。王玄策逃到吐蕃边境，调吐蕃和泥婆罗的兵攻他，生擒阿罗那顺，下五百余城。中国和印度发生兵争的关系，在历史上就只这一次。

第四节　唐朝和朝鲜、日本的关系

从隋炀帝东征失败以后，高句丽就格外骄傲；联合百济，屡侵新罗，新罗无法，只得求救于中国。唐太宗初时，也无意于为它出兵；到公元642年，高句丽大臣泉盖苏文弑其主建（建号荣留王，是婴阳王的兄弟。立其侄宝藏王臧）。太宗以为有隙可乘，想趁此恢复辽东，就出兵以伐高句丽（《新唐书》载太宗谓臣下：“今天下大定，唯辽东未宾……朕故自取之。不遗后世忧也。”可见得这一次用兵的动机，全不是为新罗）。

太宗的用兵，自然和隋炀帝不同，然而这时候，中国用兵于高句丽，有种种不利之点，所以以太宗的神武，也犯了个“顿兵于坚城之下”的毛病，不能得志。太宗以公元645年二月出兵。四月，渡辽河，克辽东；进攻安市（在如今盖平县境——编者注：今为盖县）；破高句丽援兵十五万于城下。然而安市城小而坚，攻之遂不能克。九月，以辽左早寒，遂班师。这一次，虽然没打败仗，然而兵威的挫折和实际的损失，是不待言而可知的。太宗深以为悔。

御驾亲征，手下的人把这件事看得太隆重了，用兵就不觉过于持重，不能应机，也是失败的一个原因，所以反不如偏师远斗的利害。公元660年，高宗因高句丽、百济攻新罗益急，遣苏定方自成山（在如今山东的文登县——编者注：今为威海市文登区）渡海攻百济，破其都城。百济王义燕降，百济人立其弟丰，求救于高句丽、日本。公元663年，刘仁轨大破日本兵于白江口（如今的锦江）。丰奔高句丽。百济亡。公元666年，泉盖苏文死。三子争权，国内乱。明年，高宗遣李勣伐高句丽。公元668年，也把它灭掉。于是朝鲜半岛，只剩了新罗一国。唐朝在平壤设了个安东都护府，以统治高句丽、百济的地方。这时候，中国在东方的声威大振，日本和中国的交通，在此时也称极盛。

第五节　从魏晋到唐中国和南洋的关系

以上所说的，是东、西、北三方面的情形。还有从魏晋到唐，中国和南方诸国的交涉，也得大略说一说。中国的海岸线是很长的。闽、浙、广东（当时且兼有越南的一部分）等省，曲折尤富。南方的国民，在海上所做的事业也不少。可惜中国历代，都注意于陆而不注意于海，就是盛强的时候，国力也只向西北一方面发展。这许多冒险的国民，做了国家的前驱，不但没有国力做他们的后盾，使他们的事业发扬光大，连他们的姓名事迹，也都在若有若无之间了。现在且根据着历史所载，把当时南方诸国的情形，大略说一说。

当后汉时，中国交州的境域，大约包括如今越南的北部（从广和城以北），分为交趾、九真、日南三郡［三国时，分为交趾、新兴、武平、九真、九德、日南六郡。晋初因之。晋初，日南的南境，据地自立，这个便是林邑（其都城，就是如今的广和城。唐至德以后，谓之占城国）］，林邑的南边，就有扶南（在澜沧江下流临暹罗湾）、真腊（如今的柬埔寨）、赤土（如今的地那悉林——编者注：在缅甸境内），这都是后印度半岛（如今的中南半岛）较大的国。其顿逊、毗骞、诸薄、马五洲、自然大洲，却是因扶南而传闻的（《南史》：扶南，“其南界三千余里，有顿逊国。在海崎上，地方千里。城去海十里。有五王，并羁属扶南”。“顿逊之外，大海洲中，又有毗骞国。去扶南八千里。”“又传扶南东界，即大涨海海中有大洲，洲上有诸薄国。国东有马五洲。复东行涨海千余里，至自然大洲。”顿逊，当在马来半岛的南端。毗骞，似在苏门答腊。诸薄国，马五洲，或者是婆罗洲。自然大洲，或者是巴布亚。史称扶南王范蔓，“做大船，穷涨海，开国十余，辟地五六千里”。想是因此而传闻的……范蔓是中国人）。

此外，当南北朝时候，通贡于南朝的有：

诃罗陁。

诃罗单（《宋书》说它都阇婆洲，怕就是阇婆达）。

婆皇。

婆达。

阇婆达［《新唐书》：“诃陵，亦曰社婆，曰阇婆。”《地理志》：海峡（如今的马六甲海峡）之南岸为佛逝国，佛逝国东，水行四五日，至诃陵国。则当在今苏门答腊的东南端］。

盘盘（《新唐书》说：“在南海曲，北距环王，限少海，与狼牙修接。”亦当在马来半岛南端）。

干陀利。

狼牙修（如今的苏门答腊）。

婆利（如今的婆罗洲）。

隋朝时候和中国有交涉的，见于《新唐书》的便有：

甘毕［在南海上，东距环王（环王即是林邑）］。

哥罗舍分（在南海南，东距堕和罗）。

修罗分（在海北，东距真腊）。

僧高（在水真腊西北）。

武令、迦乍、鸠密（这三国当与僧高相近，故《新唐书》以其名连举）。

富那（和鸠密同入贡的）。

投和（自广州西南，海行百日乃至）。

堕和罗（在投和之西，亦名独和罗。南距盘盘。自广州行五月乃至）。

昙陵、陀洹（都是堕和罗的属国，昙陵在海州中。陀洹，又名耨陀洹，在环王西南海中，和堕和罗接）。

罗越（在海峡北岸）。

瞻博［《新唐书》说北距兢伽河（恒河）。当在今阿萨密附近］。

堕婆登（在海岛上，在环王之南，东距诃陵）。

室利佛逝（在海峡南岸）。

罗刹（在婆利之东，与婆利同俗）。

殊奈（在环王之南，泛交趾海，三月乃至）。

甘棠（《新唐书》但说居大海南，无从知为何地）。

诸国的种族，大抵分为两种：一种裸跣、黑色、拳发、垂耳的，是马来西亚种，仍有食人的风俗（参看《上古卷》第六章第五节）；一种深目高鼻的，是印度尼西亚种，宗教文化，都属印度一系。其和中国交通，从晋到唐，大概没有断绝。可惜历史上的记载，只有宋文帝、梁武帝、唐中叶以前，三个时代较详。欲知其详，可自取从《晋书》到《新唐书》的四裔传参考。

当这时代，最可注意的是，中国曾经和西半球交通。按《南史》：

扶桑国者。齐永元元年，其国有沙门慧深来至荆州，说云：扶桑，在大汉国东二万余里；地在中国之东……名国王为乙祁。贵人：第一者为对卢，第二者为小对卢，第三者为纳咄沙……其衣色，随年改易：甲乙年青，丙丁年赤，戊己年黄，庚辛年白，壬癸年黑……其婚姻法：则婿往女家门外作屋，晨夕洒扫。经年而女不悦，即驱之；相悦，乃成昏。昏礼：大抵与中国同。亲丧，七日不食；祖父母丧，五日不食；兄弟、伯叔、姑、姊妹，三日不食。设座为神像，朝夕拜奠。不制衰绖。嗣王立，三年不亲国事。

这一国政教风俗，虽和中国相类，然“婿往女家门外作屋”，是新罗俗；贵人名对卢，是高句丽语，大抵是朝鲜半岛的人民移植的。文身国，在倭东北七千余里。大汉国，在文身国东五千余里。扶桑在大汉东两万余里，明明是南北美洲。近人余杭章氏《法显发现西半球说》（见《章氏丛书·太炎文集》中），据法显《佛国记》，说法显所漂流的耶婆提国，就是如今南美洲的耶科陁尔。法显不但发现西半球，而且还绕地球一周。然而《佛国记》说耶婆提国，“外道”“婆罗门”兴盛，佛法无足言。则法显以前，印度人已有到西半球的。《南史·扶桑传》又说其国“旧无佛法。宋大明二年罽宾国有比丘五人，游行其国，流通佛法经像，教令出家，其俗遂改”。可见朝鲜半岛的人到西半球，又在印度人以前了。

第六节　武韦之乱和开元之治

以上所述，要算是唐朝全盛的时候，如今便要经过一个中衰期了。这便是“武韦之乱”。

太宗以公元649年崩，高宗即位。高宗的初政，也是很清明的。所以史家说“永徽之治，媲美贞观”。然而从公元654年，纳太宗才人武氏为昭仪。明年，废王皇后，立武氏为后，褚遂良、长孙无忌等谏诤都遭贬斥。从此以后，朝政渐乱。高宗有风眩的毛病，不能视事。件件事情，都叫武皇后干预，实权就渐入于武后之手。

高宗以公元683年崩，高宗的太子名忠，非武后所生，武后把他废掉，立了自己的儿子弘。弘卒，立了他的兄弟贤。又把贤废掉，立了他的兄弟哲。这时候，哲即位，是为中宗。明年，武后把他废掉，立了他的兄弟旦（睿宗）。迁中宗于房州（如今湖北的郧阳县——编者注：一说为房县）。公元690年，以旦为皇嗣，改姓武氏，自称则天皇帝，国号周。公元698年，还中宗于京师，立为太子。公元705年，武后有疾，宰相张柬之和崔玄時、敬晖、桓彦范、袁恕己等谋。运动宿卫将李多祚，举兵杀武后嬖臣张易之、张昌宗，奉中宗复位。然而中宗的皇后韦氏，又专起权来。韦后的女儿安乐公主，嫁给武后侄儿子武三思的儿子武崇训。三思因此出入宫掖。还有替武后掌文墨的上官婉儿，中宗立为婕妤，和韦后都同武三思交通。武氏的权势又盛起来，张柬之等五人反遭贬谪而死。中宗的太子重俊，不是韦后所生，韦后和武三思等日夜谋摇动他。重俊又怕又气，举兵把武三思、武崇训杀掉。自已也给卫兵所杀。公元

710年，韦后弑杀中宗，想要临朝称制，相王旦的儿子临淄王隆基，起兵讨诛韦后。奉相王即位，是为睿宗。然而这时候，政治上的空气还不清明。武后的女儿太平公主，向来干预惯政治的，在政治上，还颇有实权，又想要谋危太子（睿宗立临淄王为太子，就是玄宗）。直到公元711年，才算把他安置于蒲州，而命太子监国。713年，把太平公主召还赐死。睿宗也传位于太子，是为玄宗。“武韦之乱”，到此才算告一结束。

武后以一女主而“易姓革命”，君临天下十五年。看似旷古未有之事。然而这时候，朝廷上并没有什么特殊势力，自然没有人去反抗她（唐朝的宗室，只有越王贞、琅邪王冲，想起兵反抗她。异姓之臣，只有徐敬业曾一起兵。都是并无凭借的人，自然不能成事）。这时候，政治界的情形，却给她搅得稀乱。从越王贞、琅邪王冲起兵之后，她疑心唐朝的宗室都要害她，就大杀唐宗室。从徐敬业起兵之后，更其“杯弓蛇影”，于是大开“告密”之门，任用周兴、来俊臣、索元礼等酷吏。滥用刑诛，贻累人民，实为不浅。又滥用爵禄，收拾人心，弄得政界上，全是一班“干进无耻”、喜欢兴风作浪的小人。中宗复位以后，直到睿宗禅位以前，政界上的空气总不得清明，都是她一手造成的（颇像近时的袁世凯）。

既然一味注意对内，对外一方面，自然无暇顾及。于是突厥遗族骨咄禄（颉利的疏族），就强盛起来。骨咄禄死，弟默啜继之，复取漠北（回纥度碛，南徙甘凉间），恢复颉利时代的旧地，大举入攻河北，破州、县数十。契丹李尽忠、孙万荣，也举兵背叛，攻破营、平二州，侵及冀州（参看《近古卷》第三章第二节）。朝廷发大兵数十万讨之，都不能定。还有吐蕃，当高宗时候，就破党项，灭吐谷浑；又取西域四镇（龟兹、于阗，焉耆、疏勒）。武后时，总管王孝杰，虽然把四镇恢复，然而吐谷浑故地，毕竟为吐蕃所据，中宗时，又把河西九曲的地方赏给吐蕃，而且许其筑桥于河，以通往来。于是河洮之间，被寇无虚日。

内政外交，当这个时代，都糟透了。玄宗出来了，总算是小小清明。玄宗任姚崇、宋璟为相。宋璟罢后，又任用韩休、张九龄，内政总算是整饬的。对外呢？突厥默啜死于公元716年，毗伽可汗立，用老臣暾欲谷的话，和中国讲和。毗伽死后，突厥内乱。公元744年，朔方节度使王忠嗣，出兵直抵其庭，把它灭掉。对于吐蕃，玄宗初年，就毁桥守河。吐蕃也请和好。后来兵衅复启，玄宗饬诸军进讨，到公元753年，就复取河西九曲之地。这要算唐朝国威最后的振起。到公元755年，安禄山反以后，情形就大变了。

唐系图

（一）高祖李渊—（二）太宗世民—（三）高宗治

- （四）中宗哲
- （五）睿宗旦—（六）玄宗隆基—（七）肃宗亨—（八）代宗豫
  - （九）德宗适—（十）顺宗诵—（十一）宪宗纯
    - （十二）穆宗恒
      - （十三）敬宗湛
      - （十四）文宗昂
      - （十五）武宗炎
    - （十六）宣宗忱—（十七）懿宗漼
      - （十八）僖宗儇
      - （十九）昭宗晔—（二十）昭宣帝柷

第十五章　从魏晋到唐的政治制度和社会情形

第一节　官制

从魏晋到唐的制度，是相因的。唐朝的制度，只算集魏晋南北朝的大成。从三国以后，中国的政府，有四百年，在军阀和少数民族手里，本书第四章已经说过了。要看这时候的政治，在它的施政机关上，就最看得出。

汉朝从武帝以后，宰相就渐渐失其实权，已见于本书第八章第一节。这种趋势，从魏晋以后，愈趋愈甚。魏朝建国之初，置了一个秘书省，受禅之后，改为中书省。于是中书亲而尚书疏。南北朝以后，因侍中常在禁近，时时参与机务，于是实权又渐移于门下省。总而言之，魏晋南北朝，机要是在中书、门下两省的，尚书不过执行政务罢了（中书、门下，像后世的内阁。尚书像后世的六部）。到唐朝，就用三省的长官（中书令、侍中、尚书令，但尚书令是太宗做过的，所以不以授人，就把次官仆射，改作长官。后来又不甚真除，但就他官加以同中书门下三品，同中书门下平章事等名目，便算作宰相）作为宰相。中书面受机务，门下省掌封驳，尚书承而行之［虽有此制，三省常合在一个政事堂内议事，并没有三个机关分立的样子。尚书省分六部，是吏、户、礼、兵、刑、工。这个制度，相沿到清朝，未曾改革。六部之分，是沿袭后周的制度。后周的制度，是苏绰定的。都以《周礼》为法（六部就是仿的天、地、春、夏、秋、冬六官）。这种制度，隋朝没有沿袭］。中叶以后，所谓翰林学士，和天子十分亲近，又渐渐地握起实权来［学士之名，本是因弘文、集贤两馆而起的（参看下节）。翰林院，本是艺能技术之流杂居之所，以备天子宴闲时的召见。玄宗时，才于翰林院置待诏，供奉，命与集贤院学士，分掌制敕（本来是中书舍人的职务）。又于翰林院之南，别立学士院以处之；于是与杂流不相混处，而其地望遂清。然其官则仍称为翰林学士］。王叔文的用事，就是居翰林中谋划的（参看《近古卷》）。总而言之，翰林学士的握权，和前此的中书省如出一辙。明清时代的殿阁，也不外此理，这等处，须要通观全局，自然明白。

九卿是历代都有的，然而都失其职（实权都在六部）。为避繁起见，不再详叙。御史一官，却威权渐重（武后时，改为肃政台。分置左右。左察朝廷，右澄郡县。中宗复位后，复名御史台。仍分左右。睿宗时，命两台都察内事，旋又把右台废掉）。贞观末，御史中丞李乾祐，奏于台中置东、西二狱，从此以后，御史台就多受词讼，侵涉了司法的权限。

至于外官的变迁，则和内官正相反。内官的权限，日趋于轻；宰相、九卿等，有独立职司的官，职权多见侵夺。外官的权力，却有日趋于重之势。秦汉时代的两级制（郡县），到汉末改设州牧，就变成三级制。也已见于本书。东晋以后，疆域日蹙，而喜欢多置州郡，以自张大。于是“侨置”的州郡甚多，往往仅有空名，实无辖境的。于是州郡愈多，辖境愈小。然而这时候是个军阀擅权的世界；军阀的地盘，是利于大的；州郡虽小，有兵权的，往往以一个人而都督许多州的军事，其辖境仍旧很大。隋朝统一以后，当时的所谓州，已经和前此的郡，区域大小，并无分别了。于是把州、郡并作一级。唐朝也沿其制，而于其上再设一个道的区域。一道之中，是没有长官的。中宗复位的这一年，分天下为十道，每道各设巡察使。睿宗景云二年（公元711年），改为按察使。玄宗开元二十七年（公元739年），又改为采访处置使。肃宗至德（公元756、公元757年）以后，把天下分作四十余道，各置观察使。这种使官，都称为监司之官。他的责任，只是驻于所察诸郡中的大郡，访察善恶，举其大纲，并不直接理事，颇和汉朝刺史的制度相像。然而到后来，往往侵夺州郡的实权，州郡不敢与抗。而且这时候，已经是军人的世界了。有军马的地方，就都设了节度使。凡有节度使的地方，任凭有多少使的名目，都是他一个人兼的。这正和现在的督军兼省长等一样，谁又敢和他相抗呢？于是中央政府，毫无实权，可以管辖地方，又成了尾大不掉的情形了（参看《近古卷》第二章第一、第二、第五节。监司官的名目还有许多，欲知其详，可参看《文献通考》第六十一、六十二两卷）。

唐朝的官制，中叶以后，又有宣徽南北院和枢密院，其初特以处宦者，并没有什么重要的职权。后来宦者的威权日大，这两种官的关系，也就渐重。到五代以后，都变作了大臣做的官。这个留待《近古卷》里再讲。又地方自治的制度，从汉魏以后，日益废坏。汉朝时候，重视三老、啬夫等职的意思，丝毫没有。而役法日重，这一等人，反深受了苦役之累。这个也是一个极大的变迁，也待《近古卷》再讲。

第二节　教育和选举

教育制度，从三国以后，是很衰颓的，无足称述（《三国志·王肃传》：“自初平之元，至建安之末。天下分崩，人怀苟且。纪纲既衰，儒道尤甚。至黄初……之后……太学始开……至太和青龙中，中外多事，人怀避就，虽性非解学，多求诣太学。太学诸生有千数。而诸博士，率皆粗疏，无以教弟子；弟子本亦避役，竟无能习学。冬来春去，岁岁如是……正始中，有诏议圜丘，普延学士。时郎官及司徒领吏，二万余人，虽复分布，见在京师者，尚且万人。而应书与议者，略无几人。又是时朝堂，公卿以下，四百余人。其能操笔者，未有十人。多皆相从饱食而退……”这是后汉以后，学校就衰的情形。从此到南北朝末，虽亦设有国子学、太学、四门小学，或又置有博士，然皆无足称述）。唐太宗时，“屯营飞骑，亦令受经；高句丽、新罗、高昌、吐蕃，皆遣子入学”。表面上似乎是很盛的，然而实际，士人社会的视线，已经移到科举上了。

要晓得科举制度的由来，就要先晓得九品中正。九品中正之制，起于魏文帝时。这时候，“三方鼎立，士人播迁，详覆无所”。尚书陈群，就于各州郡皆置中正，品评其本地的人物，分为九等（上上、上中、上下、中上、中中、中下、下上、下中、下下）。而尚书用人时，凭以复核。这种制度的可行，原因为后汉时代，清议极重，乡评特为有力之故（史称："晋武帝时，虽风教颓失，然时有清议，尚能劝俗。陈寿居丧，使女奴丸药，积年沉废。郗诜笃孝，以假葬违常，降品一等。"）。然而乡评的有力，是一种风俗，风俗是要随时势改变的。九品中正，是一种制度，比较的总觉流于硬性。于是就生出种种弊病来。扼要些说，便是：

一、中正的权力太大，而又并无赏罚之防。就不免有徇私、趋势、畏祸、私报恩仇等事情。

二、一地方的人，中正本不能尽识；即使尽识，也未必能知他的好坏。就使能知他的好坏，也不应当以一个人的话为标准。况且中正至多能晓得这个人的品行、德望，至于当官的才能历练，是全然不知道的。

然而这还不是最大的弊病。最大的弊病就是中正都是本地方人，谁没有亲戚朋友？一个人在社会上，本没有真正完全的自由。一个阶级里的人，受这阶级的制裁，当然最为严重，谁能够真正破除情面呢？于是所选举的，总不外乎这一阶级里的人，就成了"上品无寒门，下品无世族"的局面。历代选举的制度，纵或小有改革，然大体总是相同。九品中正的制度，南至梁、陈，北至周、齐，都是有的，直到隋开皇中方罢。这种制度，与两晋南北朝的门阀阶级，是很有关系的。

“隋唐以后科举”的前身，便是两汉时的郡国选举。原来郡国选举的制度，到两晋以后，也弊坏得不堪了（东晋初年，为了抚慰远方的人士起见，州郡所举的孝廉秀才，都不试就用。后来实在弄得不堪了，于是要试之以经。秀才孝廉，就都不敢进京。到京的，也都装病不考。于是宽限五年，令其补习）。九品中正的制度既不可行，于是不得不加之以考试。既然凭考试为去取，就索性“无庸郡国选举，而令他怀牒自列于州县，州县加以考试，合格的再把他送进京去应考”。就变成隋唐以后的科举制度了。唐以后的科举，最重的是进士科。这一科，是起于炀帝大业中的（当时还是试策）。这件事，《隋书》不载（只见于《唐书》所载杨绾疏中）。大约当时还不甚看重它。“唐制，取士之科……有三：由学馆者曰‘生徒’，由州县者曰‘乡贡’，皆升于有司而进退之……其天子自诏者曰制举，所以待非常之才焉。”其科目，有秀才、明经、进士、俊士、明法、明字、明算、一史、三史、开元礼、道举、童子等，然而取之最多的，只有进士、明经两科。进士试“诗”“赋”“论”“策”，明经试“帖经”“墨义”。这时候，崇尚文词的风气已成。明经所作的帖经、墨义，又是毫无道理的，大家都看不起它。就有“焚香看进士，瞋目待明经”的谚语。不是天资愚鲁，不会作诗赋的人，都不肯去作明经。就把天下人的聪明才力，都消磨到“声病”上去。

《文献通考》卷二十九：凡举司课试之法：帖经者，以所习经，掩其两端，中间开唯一行。裁纸为帖，凡帖三字，随时增损，可否不一。或得四，或得五，或得六为通。后举人积多，故其法益难，务欲落之。至有帖孤章绝句，疑似参互者以惑之。甚者或上抵其注，下余一二字，使寻之难知，谓之倒拔。既甚难矣，而举人则有驱县孤绝索幽隐，为诗赋而诵习之。不过十数篇，则难者悉详矣。其于平文大义，或多墙面焉（按：这是责令默写经文）。

又卷三十……愚尝见东阳丽泽吕氏家塾有刊本吕许公夷简《应本州乡举试卷》。因知墨义之式，盖十余条。有云：作者七人矣，请以七人之名对。则对云：七人，某某也。谨对。有云：见有礼于其君者，如孝子之养父母也，请以下文对。则对云：下文曰：见无礼于其君者，如鹰鹯之逐鸟雀也。谨对。有云：请以注疏对者，则对云：注疏曰云云。谨对。有不能记忆者，则只云对未审……

这种考试的法子，现在看起来，真正是奇谈。然而也不足为怪，这是古人研究学问的方法如此。原来古人都是把《经》就算作学问。所谓通经，又不必自出心裁，只要遵守先儒的注疏，自然就造成这种怪现象了（这种现象，一变而为宋朝的经义。再变就是明清的八股文，通看后文自明）。

武举起于武后的长安二年（公元702年），也用乡贡之法，由兵部主其事。

制科的科名，是没有一定的。唐制科名目和登制科的人，详见《文献通考》卷三十三。

以上所说，是取士的方法，但登科以后，还不能就有官做，还要试于吏部，谓之“释褐试”。释褐试取了，才授之以官。一登进士第，便有官做，这是宋朝的法子，唐朝却不如此。

铨选仍是历代都由尚书。唐时分为文、武二选：文选，吏部主之；武选，兵部主之。文选有身（体貌丰伟）、言（言辞辩正）、书（楷法遒美）、判（文理优长）四种。“始集而‘试’，观其书判。已试而‘铨’，察其身言。已铨而‘注’，询其便利而拟。已注而‘唱’，不厌者得反通其辞，三唱而不厌，还得听其冬集。”较诸后世的铨选，似乎还要合理些。又后魏崔亮（吏部侍郎）创停年格。补用的人，一以他停罢后岁月为断。后世说他是资格用人之始，都不以他为然。然而他实在是迫于胡太后时候，强令武人也要入选，才创此法，以限制他的（他复外甥刘景安的信。说：“吾近面执，不宜使武人入选。请赐其爵，厚其禄，既不见从，是以权立此格，限以停年耳。”可见此法之创，实是限制武人的意思多）。况且以资格年劳用人，原不算得弊政，较诸在上的任意抑扬，在下的奔缘奔竞，就好得多了。

第三节 兵制

唐朝的兵制，也是沿袭南北朝的。近人南海康氏说："中国承平的时候，可以算是没有兵。虽然有唤作兵的一种人，实在是把来供给别种用场，如以壮观瞻等，并不是要他打仗。"这句话最通。秦汉时代，承袭着战国时的余风，全国还有些尚武的风气；东汉而后，就渐渐显出无兵的样子了（参看本书第八章第四节）。从"五胡乱华"起，到南北朝末止，却可以算得一个长期战争，其中东西魏（周、齐）对立的时候，竞争尤其剧烈，所以产出一种略为整齐的兵制。

有名的"府兵"制，是起源于后周的。其制是籍民以为兵，但是拣其魁健才力的，并不是全数叫他当兵——而蠲其租调。令刺史以农隙教练。合为百府，每府一郎将主之；分属二十四军。领军的谓之开府；一大将军统两开府；一柱国统二大将；共为六军。总数不满五万人（隋朝也沿袭其制，置十二卫将军）。

唐制：折冲府有上、中、下。上府千二百人，中府千人，下府八百人。每府都有折冲都尉和左右果毅都尉，以司训练。其兵的编制：是十人为火，火有长。五十人为队，队有正。三百人为一团，团有校尉。有兵籍的人，年二十而为兵，六十而免。平时居于田亩，教练皆以农隙。有事就出去从征；事讫，依旧各还其乡。据《新唐书·兵志》说：唐初，天下共六百三十四府，而在关内一道的，倒有二百六十一，所以中央的形势颇强。当时宿卫，也是靠府兵轮值的，谓之“番上”。

但是到高宗武后时，久不用兵，府兵法就渐坏，至于宿卫不给。宰相张说，就请募兵宿卫，谓之“彍骑”。玄宗时，这种宿卫的兵，也是有名无实，诸府又完全空虚，内地竟无一兵，而边兵却日重。所以安禄山一反，竟无从抵御了。

唐初用府兵的时候，有所征伐，都是临时命将；战事既罢，兵归其府，将上其印，所以没有拥兵的人。其戍边的兵，大曰军；小曰守捉，曰城，曰镇，都有使。总管他们的谓之道，道有大总管（后来改为大都督，但行军时仍曰大总管）。永徽以后，都督带“使持节”的，谓之节度使。但还没有用它做官名。睿宗景云二年（公元711年），用贺拔延胡做凉州河西节度使，这是以节度使名官之始。玄宗天宝初，于沿边置十节度经略使［安西（治龟兹，今新疆库车县）、北庭（治庭州，今新疆迪化县——编者注：今为乌鲁木齐市）、河西（治凉州，今甘肃武威县——编者注：今为武威市）、朔方（治灵州，今甘肃宁夏县——编者注：今为宁夏贺兰县）、河东（治太原，今山西阳曲县）、范阳（治幽州，今京兆——编者注：在今北京市境内）、平卢（治营州，今热河道承德县——编者注：今为河北承德市）、陇右（治鄯州，今甘肃西宁县——编者注：今为西宁市）、剑南（治益州，今四川成都县——编者注：今为成都市）九节度，岭南（治广州，今广东南海县——编者注：今为佛山市南海区）一经略使］，边兵就此大重了。安史之乱后，讨贼有功之将和贼将来降的，都授以节度使（或沿其旧官）。于是节钺遍于内地，而“尾大不掉”之势以成。

然而致唐朝死命的，实在还不是藩镇之兵，而倒是所谓“禁军”。禁军的起源：是跟高祖起义于太原的兵，事定而后，愿留宿卫的，共有三万人。于是处以渭北闲田，谓之“元从禁军”。老不任事，即以其子弟代之。后亦与于“番上”。太宗时，在元从禁军中，选善射者百人，以从田猎，谓之百骑。武后改为千骑。睿宗又改为万骑，分为左右。玄宗用这一支兵平韦氏之乱，改名左右龙武军。又有太宗所置的飞骑，高宗所置的羽林，也各分左右。谓之“北衙六军”。与诸卫的兵，号为南衙的相对待。中叶以后，又有所谓“神策军”。其缘起：因天宝时，哥舒翰破吐蕃于临洮西的磨环川，即于其地置军，谓之神策。以成如璆为节度使。安禄山反，成如璆派军中的将，唤作卫伯玉的，带千人入援。与观军容使鱼朝恩（宦者）共屯陕州。神策军的地方，旋为吐蕃所陷，于是即以卫伯玉所带的兵为神策军。和陕州节度使郭英乂，俱屯于陕。公元763年，吐蕃陷长安，代宗奔陕。鱼朝恩以神策的兵，和陕州的兵来扈卫。当时都号为神策军。后来伯玉罢官，神策军归郭英乂兼带。郭英乂又入为仆射，这一支兵，就入于鱼朝恩手里。是为宦官专管神策军之始。鱼朝恩后来入都，便把这一支兵带到京城里，依旧自己统带着。然而还不过是一支屯驻京城里的外兵，并不算作禁军。公元765年，吐蕃又入寇。鱼朝恩以这一支兵入屯苑中。于是声光大好，出于北衙军之上。德宗从奉天还京，都不相信大臣，而颇委任宦官，专叫他统带禁军。这时候，边兵的饷不能按时发给，而神策兵饷糈优厚。于是边将在外戍守的，多请遥隶神策。神策军数，遂至十五万。自关以西，各处的镇将，大都是宦官手下人。所以宦官的势力，强不可制。昭宗时，想改用宗室诸王带它，始终没有成功。而宦官每和朝臣水火，就挟着神策军里几个镇将的力量，以胁制天子，诛戮大臣。到底弄得朝臣借着朱全忠的兵力，打破宦官一系的镇将李茂贞，把宦官尽数诛夷，而唐亦以亡。这都是后来的话，参看《近古卷》第二章第四节，自然明白（禁军的始末，《新唐书·兵志》不详，见《文献通考》第一百五十一卷）。总而言之，亡唐朝之力：藩镇的兵，不过十分之三；禁军倒有十分之七。

第四节 刑制

两汉魏晋刑制的变迁，已见于本书第八章第五节。从晋武帝颁布新律之后，张裴、杜预又各为之注。泰始（公元265年至公元274年）以后用之。然律文简约；两家的注，又互有不同；“临时斟酌，吏得为奸”。齐武帝永明九年（公元491年），删定郎王植之，才合两家的注为一。然事未施行，书亦亡灭。梁武帝时，齐时旧郎蔡法度，还记得王植之的书。于是叫他损益旧本，定为《梁律》。天监初（天监，梁武帝年号，公元502年至公元519年），又使王亮等改定，共为二十篇。定罪二千五百条，刑分十五等。陈武帝令尚书删定郎范杲参定律，又令徐陵等知其事，定律三十卷，大体沿用梁法。这是南朝法律的沿革。

元魏入中原以前，刑罚是很严酷的。道武帝入中原，才命三公郎王德除其酷法，约定科令。太武神麚中（公元428年至公元431年），诏崔浩定律。正平中（公元451年），又命游雅、胡方回等改定，共三百九十一条，有门房之诛四（献文增其十三，孝文时定为十六），大辟百四十五（献文增其三十五，孝文时定为二百三十五），刑罪（耐罪）二百二十一（献文增其六十二，孝文时定为三百七十七）。

北齐武成帝河清三年（公元564年），尚书令赵郡王睿等奏上《齐律》十二篇，系杂采魏晋故事。刑名有五：一死，二流，三耐，四鞭，五杖。又有所谓重罪十条（一反逆，二大逆，三叛，四降，五恶逆，六不道，七不敬，八不孝，九不义，十内乱），不在“八议”和“论赎”之限。

北周的律，定于武帝保定三年（公元563年）。刑分死、流、徒、鞭、杖。不立十恶的名目，而重“大逆”“恶逆”“不道”“大不敬”“不孝”“不义”“内乱”之罪。隋初，令高颎等重定新律。其刑名有五，也有十恶之条（一谋反、二谋大逆、三谋叛、四恶逆、五不道、六大不敬、七不孝、八不睦、九不义、十内乱）。唐朝的刑法，大抵沿隋之旧。

这其中最可注意的是刑罚的变迁。马端临说：“汉文除肉刑，善矣，而以髡笞代之。髡法过轻，而略无惩创；笞法过重，而至于死亡。其后乃去笞而独用髡。减死罪一等，即止于髡钳；进髡钳一等，即入于死。而深文酷吏，务从重比，故死刑不胜其众。魏晋以来病之，然不知减笞数而使之不死，乃徒欲复肉刑以全其生（按：复肉刑的议论，两晋时代最甚。其理由所在，就是“死刑太重，非命者众；生刑太轻，罪不禁奸”两语）。肉刑卒不可复，遂独以髡钳为生刑。所欲活者传生议，于是伤人者或折腰体，而才剪其毛发；所欲陷者与死比，于是犯罪者既已刑杀，而复诛其宗亲。轻重失宜，莫此为甚。

及隋唐以来，始制五刑，曰笞、杖、徒、流、死，此五者，即有虞所谓鞭、朴、流、宅，虽圣人复起，不可偏废也。”隋以前“死刑有五：曰罄、绞、斩、枭、裂。流徒之刑，鞭笞兼用，数皆逾百”。隋始定鞭笞之数，死刑只用斩、绞两种。这都是较前代为文明处。

还有一层可注意的，便是隋朝的刑法。是兼采魏晋和拓跋魏两种法系（这个大概是周、齐如此，而隋朝因之）。其斟酌轻重之间，固然较旧时的法律为进步，然而精神上，也有不如旧时的法律之处。即如晋律，部民杀长官，和父母杀子的，都同“凡”论。这是两汉以后，把经学应用于法律，文明之处（父杀其子当诛，见《白虎通》）。隋律却就不然。这是拓跋魏的社会，进化较浅，“官权”“父权”太重之故。中国反改其旧律而从之，真是下乔入幽了。余杭章氏《文集》里，有一篇文字，专论这件事，可以参看。

总而言之，秦汉以后的法律：经晋朝的一大改革，而大体趋于完善；经隋朝的一番损益，而轻重更觉适宜。所以从西洋法律输入以前，沿用千年，大体不曾改变。

隋五刑
- 死
  - 绞
  - 斩
- 流
  - 千里居作二年
  - 千五百里居作二年半
  - 二千里居作三年
- 徒
  - 一年
  - 一年半
  - 二年
  - 二年半
  - 三年
- 杖
  - 百
  - 九十
  - 八十
  - 七十
  - 六十
- 笞
  - 五十
  - 四十
  - 三十
  - 二十
  - 十

第五节　赋税制度和民生

从秦汉统一以后，直到前清海禁大开以前，两千多年，中国社会的经济组织没有什么根本上的变更（从战国到秦汉，是有一个大变的。参看《上古卷》第九章和本书第六章）。这个时代，中国人的生计是以农业为本位。要看当时社会的经济状况就须注意于农民。但是中国史家记载平民的生活状况，是很少的。当时的田赋制度，便是当时“农民生活状况的反映”。

从晋到唐，其间的田赋制度，都有同一的趋向。为之代表的，便是晋的“户调式”，魏的“均田令”，唐的“租庸调制”。今各述其大略如下：

户调之式，起于晋武帝平吴以后。它的法度是：男女年十六至六十为正丁；十五以下至十三，六十一以上至六十五，为次丁；十二以下，六十六以上，为老小。男子一人，占田七十亩；女子三十亩（按：这是指为户者而言）。其外：丁男课田五十亩，丁女二十亩；次丁男半之，女则不课。丁男之户，岁输绢三匹，绵三斤。女及次丁男为户者半输。

后魏的均田，在公元485年（孝文帝太和九年）。它的办法：是把田分成“桑田”“露田”两种。桑田是“世业”；露田及岁而受，年老则免，身没则还。桑田的数目，有过于其应得之数的，得以卖出；不足的得以买入。但过于应得之数，及在应得之数以内的，不得买卖（大概当时把官有的地，授予人家做露田。其原有田地的，一时并不没收它；本无田地的，一时也不能补足。所以人民的桑田，有逾限的，也有不足额的）。男子年十五以上，受露田四十亩；妇人二十亩（奴婢依良。丁有牛一头，许授田三十亩，但牛四头为限）。

唐朝的租庸调制（高祖武德七年定，公元624年）是：丁男十八以上，给田一顷；以二十亩为“永业”，余为“口分”。田多可以足其人的，为“宽乡”，少的为“狭乡”。狭乡授田，减宽乡之半。工商：宽乡减半，狭乡不给——乡有余田，以给比乡；州县同。“徙乡”和“贫无以葬”的人，得卖世业田。从狭乡徙宽乡的，得并卖口分田。受田的丁，每年输粟二石，谓之“租”。看地方的出产：或输绢二匹，绫、絁各二丈，绵三两，或输布二丈四尺，麻三斤，谓之“调”。力役每年二十日，遇闰加两日，不役的，每日折输绢三尺，谓之“庸”（《通考》：“租庸调征科之数，依杜佑《通典》及王溥《唐会要》所载。陆宣公《奏议》及《资治通鉴》所言皆同。《新唐书·食货志》……疑太重，今不取。”）。

这种制度，便是两汉时代，“富者田连阡陌，贫者无立锥之地”的反响。虽不能做到地权平均，较诸毫无法度，听其自相兼并，总好得许多。但是“徒法不能以自行”。这种制度，若要实行，行政要非常绵密。以中国行政的疏阔，和地方自治制度的废坏，从何实行起？户调之式，定后不多时，天下就大乱。究竟这种制度曾否实行？史学家颇多怀疑。大概就使实行，时间也是很短的。均田之令，和租庸调的制度，都是定于大乱之后。当时地广人稀，无主的田很多，推行自然不十分困难。但是一两传后，人口增殖，田亩渐感不足，就难于维持了。均田令的结果，后来是怎样，史家没有明确的记载。租庸调制，则《唐书》明说它，到开元时而其法大坏，“并兼逾汉成哀”。

平均地权的制度，不能维持，却反生出一种弊病来。便是两汉时代的税，是认着田收的，虽有口税，很轻。从户调、均田令、租庸调等制度行后，人人有田，收税就只须认着人。专制时代的官吏，行政是怠慢惯了的，只要收得着税，其余就一切不问了。到后来，实际上授田的事情，已经没有了，并兼之事起了，他却还只是认着向来出税的人收税；哪里来管你实际有田没有田（这时候，若要查明白有田的人，然后收税，就要彻底根究，叫并兼的人，把田都吐出来，还给无田的人；而且照法律上讲，不但并兼人家的人有罪，就是被人家并兼的人，也是有罪的。这件事岂不甚难）。这一来，百姓不但享不着人人有田的利益，无田的人反要负担和“有田的人一样的租税”的痛苦（在两汉时代，就只要出极轻的口税）。这如何能支持？于是乎有“逃户”。逃的人逃了，不逃的人，赋税就要更重，税法就大坏了。玄宗时，宇文融为监察御史。也明晓得彻底根究，叫并兼的人把所并兼的田，统统吐出来，是办不到，就想括“籍外的羡田”，以给逃民。然而“并兼之亟”，总是起于人多而田不足之后的，哪得有许多羡田可括？而且他的办法，逃户受羡田的，又要出钱千五百，于是州县希旨：把有主的田，算作羡田；本地的人，算作客户。反变成了聚敛的政策。安史之乱后，赋税紊乱的情形，更其不可收拾。德宗时，杨炎为相，才创“两税”之法（“夏输”无过六月，“秋输”无过十一月）。“户无主客，以见居为簿。人无丁中，以贫富为著。”虽没有把“税人而不税田”的法子根本改革，然而照他立法的意思，是“以人的贫富，定出税的多少”，较诸就田而税，负担偏于农民的，反觉公平。不过人的贫富，不易测定。实行起来，要求其公平，是很难罢了（陆贽说：两税以资产为宗，少者税轻，多者税重，然而有藏于襟怀囊箧，物贵而人莫窥的；有场圃囷仓，物轻而众以为富的。有流通蕃息之货，数少而日收其赢的；有庐舍器用，价高而终岁寡利的。计估算缗，失平长伪。我说：两税的法子，若真能行得公平，倒近乎一般所得税了。这个谈何容易。杨炎的法子，自然离此理想尚远。然在当时，总不失为救弊的良法）。

《文献通考·田赋考》的一段按语，论秦汉到唐田赋制度的变迁，极为清楚。我如今不避繁复，再节抄在下面。因为这件事和当时社会的生计状况，是很有关系的（是农民生活状况的反映）。

……自秦废井田之制……始舍地而税人……汉时，官未尝有授田限田之法……田税随占田多寡，为之厚薄……人税则无分贫富，然……每岁不过十三钱有奇耳（参看本书第八章第三节）。至魏武初平袁绍，乃令田每亩输粟四升，又每户输绢二匹，绵二斤，则户口之赋始重矣。晋武帝又增而为绢三匹，绵三斤……然晋制：男子一人占田七十亩，女子及丁男丁女占田皆有差；则出此户赋者，亦皆有田之人……宜其重于汉也。自是相承，户税皆重。然至元魏而均田之法大行。齐周隋唐因之，赋税沿革，微有不同。史文简略，不能详知。然大概计亩而税之令少，计户而税之令多。然其时户户授田，则虽不必履亩论税，只逐户赋之，则田税在其中矣。至唐，始分为租庸调……然口分世业，每人为田一顷……所谓租庸调者，皆此受田一顷之人所出也。中叶以后，法制隳弛，田亩之在人者，不能禁其卖易，官授田之法尽废，则向之所谓输庸调者，多无田之人矣；乃欲按籍而征之，令其与豪富兼并者，一例出赋，可乎？……授人以田，而未尝别有户赋者，三代也。不授人以田，而轻其户赋者，两汉也。因授田之名，而重其户赋；田之授否不常，而赋之重者，已不可复轻，遂至重为民病，则自魏至唐之中叶也。自两税之法行，而此弊革矣……

此外生计界的情形，无甚特别的可述。但有一件可注意的，便是当这时候，中国对外的贸易颇为发达。从魏晋到唐，中国和南洋交通的发达，已见上章第六节。魏晋北朝和西域的关系，虽不如汉唐时代的密切，然而也没有什么战争，民间往来贸易的关系，可以推想为无甚中断的时候［中国商人的能力非常之大。譬如汉朝还没有通南越和西域，商人倒早已做了先锋队了（参看本书第四章）］。

《隋书·食货志》说："梁初……交广之域，全以金银为货。"又说："后周时，河西诸郡，或用西域金银之钱。"当时对外贸易的影响，及于中国的通货上。而且他说：晋自东渡以后，岭外诸酋帅，有因生口、翡翠、明珠、犀象之饶，雄于乡曲的，朝廷多因而籍之，以收其利。这种办法，直到南朝之末，都是如此。这许多东西，也都是当时互市的商品。就可以推想贸易额的盛大了。至于唐朝：则陆路有互市监，以管西域诸国的贸易；海路布市舶司，以管南洋诸国的贸易。惜乎历史上，关于这种记载，十分阙略。近人梁启超的《广东通商发达史》，参考东西洋人的著述，述南北朝唐时候中国对外贸易的情形颇详。可惜文长，不能备录。读者诸君请自取原书参考。

第六节 学术和宗教

从东汉到魏晋，中国的学术思想界，起了一个大变迁。这个可以说从烦碎的考古时代，到自由思想时代，也可以说从儒学时代，到老学佛学时代。

西汉的儒学，就不过抱残守缺，固守着几句相传的师说；究竟孔门的学说，还是“负荷”得不能完全。到了末年，又为着“托古改制”之故，生出许多作伪的人来。又因为两汉的社会，去古未远，迷信的色彩，很为浓厚，于是这种作伪的话里头，又加上许多妖妄不经的话（识纬终东汉之世，是以纬为内学，经为外学）。东汉的学风，虽然不必务守师说，似乎可以独出心裁。然而贾、许、郑、马等，又不免流于烦碎。打了半天官司，总是不见分晓，也不免使人厌倦。于是人心上就生出一种“弃掉这些烦碎的考据，而探求真理”的要求。

在中国旧学问里，可以当得起哲学的名称的，当然只有道家。在儒家，则一部《周易》里头，也包含着许多古代的哲学（参看《上古卷》第十章第一节）。所以这时候，研究学问的人，都是《老》《易》并称。其中最有名的，便是何晏、王弼、阮籍、嵇康、刘伶、王戎、王衍、乐广、卫玠、阮瞻、郭象、向秀等一班人。这一班人，“专务清谈，遗弃世务”，固然也有恶影响及于社会。然而替中国学术思想界，开一个新纪元，使哲学大放光明；前此社会上相传的迷信，都扫除净尽，也是很有功的（世务本来不能够都责备哲学家做的）。研究起中国的哲学史来，这一派“魏晋的哲学”，实在很有研究的价值。

中国的学问，是偏于致用的。《老》《易》虽说是高深的哲学，要满足纯正哲学的要求，究竟还不够。于是佛学乘之而兴。佛教的输入中国，古书上也有说得很早的，然而不甚可靠。可靠的，还是汉明帝着中郎将蔡愔到西域去求佛经，公元67年（永平十年），蔡愔同着摄摩腾、竺法兰两僧，赍经典东来的一说。然而这时候，佛教在社会上，还没甚影响。三国时，天竺僧支谶、支亮、支谦从西域来，士大夫才渐渐和它交接。东晋时，又有佛图澄从西域来，专事译经。慧远开莲社于庐山（这是后世净土宗的初祖），士大夫和它交接得更多，然而还不过是小乘。公元401年（姚秦弘始三年），鸠摩罗什入长安，才译出大乘经论。从此以后，佛教在中国（宗教界和学术界）就放出万丈的光焰。“佛教”或“佛学”，都是专门的学问。要明白它的真相，绝不是本书所能绍介。我现在且转录近人新会梁氏《中国古代思潮》里的一张表，以见得佛学入中国后盛衰的大略。若要略知佛学的门径，梁氏这一篇文章，很为简明可看。若要再进一步，则近人梁氏的《印度哲学概论》最好。这部书，把印度各种哲学和佛学对举，很可以见得佛学的“来源”“影响”和它的“真相”。谢氏的《佛学大纲》，虽然无甚精神，抄撮得也还完备，也可看得。

以下十三宗，只有俱舍、成实两宗是小乘，其余都是大乘。其中天台一宗，系中国人所自创。

宗名	开祖	印度远祖	初起时	中盛时	后衰时
成实	鸠摩罗什	诃梨跋摩	晋安帝时	六朝间	中唐以后
三论	嘉祥大师	龙树、提婆	同上	同上	同上
涅槃	昙无谶	世亲	同上	宋齐	陈以后归天台
律	南山律师	昙无德	梁武帝时	唐太宗时	元以后
地论	光统律师	世亲	同上	梁陈间	唐以后归华严
净土	善导大师	马鸣、龙树、世亲	同上	唐宋明时	明末以后
禅	达摩大师	马鸣、龙树、提婆、世亲	同上	同上	同上
俱舍	真谛三藏	世亲	陈文帝时	中唐	晚唐以后
摄论	同上	无著、世亲	同上	陈隋间	唐以后归法相
天台	智者大师		陈隋间	隋唐间	晚唐以后
华严	杜顺大师	马鸣、坚慧、龙树	陈	唐则天后	同上
法相	慈恩大师	无著、世亲	唐太宗时	中唐	同上
真言	不空三藏	龙树、龙智	唐玄宗时	同上	同上

《周易》		王弼、韩康伯	
《尚书》		伪孔安国《传》，王肃等所造	
《毛诗》	毛亨《传》、郑玄《笺》		
《周礼》	郑玄《注》		
《仪礼》	郑玄《注》		
《礼记》	郑玄《注》		

续表

《左传》		杜预《集解》	
《公羊》	何休《解诂》		
《穀梁》		范宁《集解》	
《孝经》			唐玄宗御《注》
《论语》		何晏《集解》	
《孟子》	赵岐《注》		
《尔雅》		晋郭璞《注》	

这时候，儒家之学也竟有点“道佛化”的样子。原来东汉的儒学，至郑玄而集其大成。然而盛极必衰，于是就出了一个王肃，专替郑玄为难。一定要胜过郑玄，这件事，也颇为难的。于是又想出一个作伪的法子，伪造孔安国《尚书传》《论语》《孝经注》《孔子家语》《孔丛子》五部书，互相印证。把自己驳难郑玄的话，都砌入这五部书里头，算是孔氏子孙所传，孔子已有定说的（参看丁晏《尚书余论》）。这种作伪的手段，较之汉朝的古文家，更为卑劣。然而王肃是晋武帝的外祖。所以当时，颇有人附和他。譬如杜预，就是其中的一个（详见《尚书余论》）。总而言之，从王肃等一班人出，而“郑学”也衰了。然而王肃这一派学问，在社会上也不占势力。东晋以后，盛行的，便是王弼、何晏这一派。这都是把道家之学去解释儒书的。再到后来的人，并不免掺杂佛家的意

思。上面所列一表，是唐朝时候所定的《十三经注疏》。所取的注，其中除《孝经》为唐玄宗御注外，其余十二经，魏晋人和汉人各半。北朝的风气，变动得晚些。自隋以前，北方的学者，大抵谨守汉儒的学问。熟精“三礼”的人极多（参看《廿二史札记》卷十五）。这便是郑玄一派学问。也有能通何休公羊的，这并是今文学了。至于南人，则熟精汉学的，久已甚少。所风行的，都是魏晋以后的书。然而从隋朝统一之后，北朝的武力战胜了南人，南朝的学术也战胜了北人。北人所崇尚的，郑玄注的《周易》，《尚书》，服虔注的《左传》都亡（郑玄注《左传》未成，以与服虔，见《世说新语》。则服虔和郑玄，是一鼻孔出气的），而王弼、杜预的《注》，和伪孔安国的《传》，到唐朝就列于学官。这个绝不是南朝的经学，能胜过北朝（就经学论，北朝确较南朝为纯正）。不过就学术思想界的趋势而论，汉朝人的儒学，这时候，其道已穷，而魏晋以后的这一派哲学正盛；南朝的经学，是“魏晋的哲学化”了的，所以就占了优胜罢了。

还有古代的神仙家，到魏晋以后，也“哲学化”了，而成功了后世的所谓“道教”，和“儒”“释”并称为“三教”。这件事也要一论。神仙家的初起，其中并没有什么哲学。他们所求的，不过是“不死”。所以致不死的手段，是“求神仙”和“炼奇药”。所谓不死，简直是说肉身可以不死。“尸解”

的话，怕还是后来造出来，以自圆其说的。这一派妖妄之说，大概是起于燕齐之间［所以托之于黄帝。《史记·封禅书》说：齐威宣和燕昭王，就使人入海求蓬莱、方丈、瀛洲。《史记》的《八书》，固然全不是太史公所作，然而也并不是凭空伪造的（《礼书》《乐书》，是抄的《荀子》和《小戴记》。其余略以《汉志》为本）。又《左传》，齐景公问晏婴："古而无死，其乐如何？"除神仙家之外，没有说人可以不死的。齐景公这句话，一定是受神仙家的影响。这也可做神仙家之说，旧行于燕齐之间的一证］。这一派人，和中国古代的医学，很有关系（《内经》里屡引方士之说）。他们是懂得点药物学的，所以有所谓炼奇药。古代的医学，原有"咒由"一科，所以到后来，张角等还以"符水"替人治病。其说起于燕齐之间，所以有"入海的思想"，而有所谓三神山，大约海边上的蜃气，一定和这种教的构成很有关系。当秦皇、汉武时代，神仙家的势力极盛。这时候，这一派人（方士）专以蛊惑君主为事。到后来，汉武帝花了许多钱，神仙也找不到，奇药也炼不成，才晓得上了大当，"喟然而叹曰：世安有神仙？"从此以后，这一派人，蛊惑君主的伎俩，就无从再施，于是一变而愚惑平民。然而从张角、孙恩造反以后，又变作一种妨害治安的宗教，势不能再在社会上大张旗鼓——虽然还有张道陵、寇谦之等一班人，借符箓丹鼎等说，以愚惑当世（参看

《魏书·释老志》），毕竟是不能大占势力的。这一种宗教，要想自存，就非改弦易辙，加上一点新面目不可。把后世道教的书来看，真像是和《易》《老》相出入的。然而请问这许多话，汉以前的神仙家有吗？譬如《淮南子》，后世认为道家的书。然而《淮南子》里，原有易九师的学说。又如《太极图》，后世认为陈抟从道家的书里取来的，不是儒家所固有。然而它的说法，可以和《易经》相通，毕竟无从否认（参看胡渭《易图明辨》）。我说：这许多话，本是中国古代的哲学，保存在《易经》里头的。魏晋以后的神仙家，窃去以自文其教。所以魏晋以后的道教，全不是汉以前的神仙家的本来面目。神仙家的本来，是除了炼奇药、求神仙等，别无什么哲学上的根据的。明乎此，则可知我国“道藏”的书大有研究的价值。为什么呢？中国古代的哲学，保存在《易经》里。五经里头，只有《易经》，今文家的学说全亡，东汉人所注的《易经》，妖妄不经，琐碎无理，全没有哲学上的价值。要求古代的哲学（从《易经》里去求），只有到《淮南子》等一类的书里去搜集，然而这一类书，也所传甚少，而且残缺不完。神仙家既然窃取这一种哲学，以自文其教，当他窃取的时候，材料总比现在多。这种哲学，一定有儒家已亡，借着他们的窃取，保存在道藏里头的。用这一种眼光去搜寻，一定能寻得许多可贵的材料。

还有一种风气，也是到魏晋以后才盛的，便是崇尚文学。两汉时代，固然也有许多文学家。然而这时候，看了文学，不过一技一能，究竟还是以朴学为重。到魏文帝，就说："年寿有时而尽，荣乐止乎其身，二者必至之期，未若文章之无穷。"这种思想，全然是两汉人没有的。这是由于：一、两汉人的学问，太觉头巾气，缺乏美感，枯寂了的反动。二、则魏晋人的哲学，所铸造成的人生观，总是"修短随化，终期于尽，古人云：死生亦大矣。岂不痛哉"一派，总觉得灰心绝望。然而人的希望，究竟不能尽绝的。"爱惜羽毛"的人，就要希望"没世不可知之名"。隋朝的李谔说："自魏之三祖，崇尚文词……竞骋浮华，遂成风俗。江左齐梁，其弊弥甚。贵贱贤愚，唯务吟咏……竞一韵之奇，争一字之巧。连篇累牍，不出月露之形，积案盈箱，惟是风云之状。代俗以此相高，朝廷据兹擢士。禄利之路既开，爱尚之情愈笃。于是闾里童昏，贵游总丱，未窥六甲，先制五言……递相师祖，浇漓愈扇……"也可以见得这种风气的由来，和其降而益甚的情形了。因有这种风气，所以唐朝的取士，就偏重进士一科。也因为有科举制度，替它维持，所以这种风气，愈不容易改变。

文学的内容，从南北朝到唐，也经过一次变迁。从东汉到梁陈，文学日趋于绮靡，这是人人知道的。这种风气，走到极端，就又起了反动。隋文帝已经禁臣下的章奏，不得多用浮词；

唐兴以后，就有一班人，务为古文，至韩、柳而大盛。就开了北宋到明的一派文学（曾国藩《湖南文征序》：“自东汉至隋……大抵义不孤行，辞多俪语；即议大政，考大礼，亦每缀以排比之句，间以婀娜之声。历唐代而不改。虽韩李锐志复古，而不能革举世骈体之风……来兴既久，欧苏曾王之徒，崇奉韩公，以为不迁之宗；适会其时，大儒迭起，相与上探邹鲁，研讨微言；群士慕效，类皆法韩氏之气体，以阐明性道。自元明至……康雍之间，风会略同。”这几句话，说自汉至清初，文学变迁的大概，颇为简明。总而言之，古文之学，是导源唐初，大成于韩、柳等一班人，到北宋才大盛的。《旧唐书·韩愈传》：“大历、贞元间，文字多尚古学，效扬雄、董仲舒之述作。独孤及梁肃，最称渊奥。愈从其徒游，锐意钻仰，欲自振于一代。”《新唐书·文艺传序》：“大历、贞元间，美才辈出。擩哜道真，涵泳圣涯，于是韩愈倡之，柳宗元、李翱、皇甫湜等和之……唐之文，完然为一王法……”）——韩公的“辟佛”，对于以前的学术宗教界，也要算一个反动。且留待讲宋代学术时再讲。

第七节　门阀的兴废

从南北朝到唐，其间还有一大变，便是门阀阶级的破除。

三代以前的社会，原是一种阶级制。看《上古卷》第九章第三节，便可以知道。春秋战国之际，虽说经过一次大变迁，毕竟这种阶级制的余波，是不能扫除净尽的。读史的人，都说九品中正之制，弄得“上品无寒门，下品无世族”。然而做中正官的人，并不曾全操选举之权。不过朝廷要用人时，把他所品评的等第来复核复核罢了。选举之权，毕竟还在州郡手里。郡国选举之制，不是魏晋以后才有的。以前虽没有九品中正之制，难道郡国选举，都是十分公正，不带一点阶级臭味的吗（梁武帝时，沈约上疏说：“顷自汉代，本无士庶之别……庠序棋布，传经授受，学优而仕。始自乡邑，本于小吏干佐，方至文学功曹。积以岁月，乃得察举……”可见汉朝的选举，自比魏晋以后公平，然而说毫无阶级臭味，是绝办不到的）？这是绝不然的。不过不像魏晋南北朝这种盛法罢了。两晋南北朝时候，门阀阶级之严，是由于：一有九品中正之制，替它维持。二则这时候，“五胡乱华”，汉人和胡人，血统上不免混淆。士大夫之家，就想高标门第，以自矜异。三则当晋室渡江之初，文明的重心，还在北方，北方的大族，初南迁的时候，也还有高自位置的思想，以后就成了一种风气。所谓大族，必须标明一个“郡望”，以明其本出何郡，就是魏晋以前，阶级制度并没有消除尽净的证据。倘使你在本籍，本没有特异于人之处，迁徙之后，又何必要特标出一个郡望来呢？这种阶级制度，是到唐中叶以后，才渐次破坏，经过了五代，然后消除净尽的。破坏这种制度的力量，要算隋唐以后的科举制度最大。这是为什么呢？原来当郡国选举的时代，无论你怎样公正，无论怎样地注重于才德，这郡国所“荐举”或“拔擢试用”的人，总不得真正到社会的下层阶级里去找——固然也有例外的，然而总是例外。直到郡国选举的制度，变作了投牒自举（这时候，形式上固然还说是乡贡，然而既凭考试，这乡贡便是有名无实的话）。被举的人（举人）和举他的人（州郡），其间才不发生关系——无论什么人，向州郡投牒自列，州郡就不能不考试他；考试合格了，便不能不举他。把全国的人，都聚到京城里去考试，和他的本乡相离得很远；考试防弊的制度，又一天严密似一天（在唐朝，还没有“糊名”“易书”“禁怀挟”等种种制度。考官还得以采取誉望；就和士子交通，也不干禁例的。但是从唐到清，考试的制度，是一天天往严密的一条路上走的，这是考试制度的进化）；应考的人和考他的人，也再不得发生关系。这样，全国的寒畯，才真和有特权的阶级立于平等竞争的地位。所以隋唐以后的科举制度，实在有破除阶级的大功，不可湮没的。向来读史的人，都说投牒自举，是个最坏的制度。其意，不过说这是“干进无耻”。其实不然。参与政治，是国民的一种义务，不单是权利。有服官的能力，因而被选举，因而服官，这是国民应享的权利，也就是国民应尽的义务。郡国选举和征辟……的时代，有了才德，固然可以被选举、被征辟的。倘使人家不来选你、征你、辟你，便如何？若在隋唐以后，便可以怀牒自列。所以唐以后的科举制，是给予国民以一种重大的公权——实际上应试的人，志愿如何，另是一说。从法理上论，这一层道理，是颠扑不破的。

两晋南北朝时候的阶级制度是怎样？我且引近人钱塘夏氏的一段话如下：

……其时士庶之见，深入人心，若天经地义然。今所见于史传者，事实甚显。大抵其时士庶，不得通婚。故司马休之之数宋武曰：裕以庶孽，与德文嫡婚，致兹非偶，实由威逼（指宋少帝为公子时，尚晋恭帝女事言）。沈约之弹王源（琅邪临沂人）曰：风闻东海王源，嫁女与富阳满氏，王满联姻，实骇物听。此风勿剪，其源遂开。点世尘家，将被比屋。宜置以明科，黜之流伍。可以见其界之严矣。其有不幸而通婚者，则为士族之玷。如杨俭期（弘农丛阴人）自以杨震之后，门户承藉，江表莫比；有以其门地比珣者（琅邪临沂人），犹恚恨。而时人以其过江晚，婚宦失类，每排抑之。然庶族之求俪于士族者，则仍不已；不必其通婚也，一起在动作之微，亦以偕偶士族为荣幸，而终不能得。如纪僧真（丹阳建康人）

尝启齐武曰：臣小人，出自本州武吏。他无所须，惟就陛下乞做士大夫。帝曰：此事由江敩（字叔文，济阳考城人）谢瀹（字义洁，陈郡夏阳人），我不得措意，可自诣之。僧真承旨诣敩，登榻坐定，敩命左右，移吾床，让客。僧真丧气而退。告帝曰：士大夫固非天子所命也。其有幸而得者，则以为毕生之庆，如王敬则（晋陵南沙人）与王俭（字仲宝，琅邪临沂人）同拜开府仪同，曰：我南州小吏，侥幸得与王卫军同拜三公，夫复何恨？甚至以极凶狡之夫，乘百战之势，亦不能力求。如侯景请娶于王谢。梁武曰：王谢高门非偶，当朱张以下访之。积此诸端观之，当时士庶界限，可以想见……此皆南朝之例，若夫北朝，则其例更严。南朝之望族，曰琅邪王氏、陈国谢氏。北朝之望族，曰范阳卢氏、蒙阳郑氏、清河博陵二崔氏（南北朝著姓不仅此，此乃其尤者耳）。南朝之望族，皆与皇族联姻。其皇族，如彭城之刘、兰陵之二萧、吴兴之陈，不必本属清门。惟既为天子，则望族即与联姻，亦不为耻。王谢二家之在南朝，女为皇后，男尚公主，其事殆数十见也。而北朝大姓，则与皇室联姻者绝少。按魏朝共二十五后，汉人居十一，而无一士族焉……此殆由种族之观念而成……隋文之独孤皇后，唐太之长孙皇后，皆鲜卑人也；而斛律明月称“公主满家”，则皆渤海高氏之女，皆可为此事之证……

这种习尚，唐初还很盛。唐太宗定《氏族志》，颁行天下。而《李义府传》说："自魏太和中，定望族七姓，子孙迭为婚姻。"唐初作《氏族志》，一切降之。然房玄龄、魏徵、李勣，仍往求婚，故望不减。可见这事，竟非政治势力所能干涉。又《杜羔传》说："文宗欲以真源、临真公主降士族，谓宰相曰：民间修婚姻，不计官品，而上阀阅；我家二百年天子，顾不及崔、卢耶？"可见中叶以后，尚有此风。然而科举制度既兴，寒门致身显贵，毕竟较以前为容易。加以物质上的欲望，总是不能没有的。所以到唐朝以后，士族贪庶族之富，而和他们结婚的，就渐渐加多。再加以五代的丧乱，士族失其位置，庶族致身富贵。又丧乱之际，人民播迁，谱牒失考，因而庶族冒充士族的，也日渐加多。从宋以后，这种阶级，又渐归于平夷了。

到贵贱阶级破坏的时候，社会上好利之风，就必然日盛。唐朝时候，是这种门阀制度，行将灭亡，仅保惰力的时候。所以唐朝士大夫好利之风，实在较南北朝为甚。《文献通考》卷二十九引江陵项氏的话：

风俗之弊，至唐极矣。王公大人，巍然于上，以先达自居，不复求士。天下之士，什什伍伍，戴破帽，骑蹇驴，未到门百步，辄下马，奉币刺再拜，以谒于典客者，投其所为之文，名之曰“求知己”。如是而不问，则再如前所为者，名之曰“温卷”。如是而又不问，则有执贽于马前，自赞曰某人上谒者……

这固然由于科举制度之兴，有以使士人干进无耻，然而贵贱的阶级平夷了，除富更无可慕，也是其中的一个原因。